MEINE ASIA KÜCHE

JENNIFER JOYCE

südwest

1. Auflage
© der deutschsprachigen Ausgabe 2019 by Südwest Verlag, einem Unternehmen der
Verlagsgruppe Random House GmbH, Neumarkter Straße 28, 81673 München.

Text Copyright © Jennifer Joyce 2018
Design Copyright © Murdoch Books 2018
Copyright Photography © Phil Webb 2018

Hinweis
Alle Rechte vorbehalten. Vollständige oder auszugsweise Reproduktion, gleich welcher Form
(Fotokopie, Mikrofilm, elektronische Datenverarbeitung oder durch andere Verfahren), Vervielfältigung,
Weitergabe von Vervielfältigungen nur mit schriftlicher Genehmigung des Verlags.

Hinweis: Das vorliegende Buch ist sorgfältig erarbeitet worden. Dennoch erfolgen alle Angaben ohne
Gewähr. Weder Autor noch Verlag können für eventuelle Nachteile oder Schäden, die aus den im Buch
gegebenen Hinweisen resultieren, eine Haftung übernehmen.

Sollte diese Publikation Links auf Webseiten Dritter enthalten, so übernehmen wir für deren Inhalte
keine Haftung, da wir uns diese nicht zu eigen machen, sondern lediglich auf deren Stand zum
Zeitpunkt der Erstveröffentlichung verweisen.

Die Originalausgabe erschien 2018 unter dem Titel „My Asian Kitchen" bei Murdoch Books, an imprint
of Allen & Unwin

Projektleitung: Eva M. Salzgeber
Übersetzung: Brigitte Rüßmann & Wolfgang Beuchelt für bookwise medienproduktion gmbh, München
Producing & Satz: bookwise medienproduktion gmbh, München
Korrektorat: bookwise medienproduktion gmbh, München
Bildredaktion: Sabine Kestler

Für die englischsprachige Originalausgabe:
Publisher: Diana Hill
Editorial Manager: Jane Price
Design: Madeleine Kane
Editor: Kay Halsey
Photography: Phil Webb
Photographer's assistant: Simon Reed
Styling and food preparation: Jennifer Joyce assisted by Zoe Harrington
Illustrations: Riley Joyce
Production Director: Lou Playfair

All rights reserved. No part of this publication may be reproduced, stored in a retrieval system or
transmitted in any form or by any means, electronic, mechanical, photocopying, recording or
otherwise, without the prior written permission of the publisher.

Colour reproduction by Splitting Image Colour Studio Pty Ltd, Clayton, Victoria
Printed by C&C Offset Printing Co Ltd, China

Printed in China

ISBN 978-3-517-09802-9
www.suedwest-verlag.de

INHALT

EINLEITUNG 6

VORSPEISEN & SNACKS 8

SUPPEN & NUDELN 54

KNACKIG & FRISCH 80

TEIGTASCHEN & BRÖTCHEN 106

VOM SPIESS & GRILL 132

EINTÖPFE & CURRYS 160

AUS DEM WOK 188

EISIG & KÖSTLICH 216

GLOSSAR 238

ENTDECKEN SIE MIT MIR DIE KÜCHEN ASIENS

Ich bin in den USA aufgewachsen, und deshalb waren meine ersten Erfahrungen mit asiatischem Essen leider stark amerikanisch geprägt (Chop Suey und Frühlingsrollen). Erst als ich Anfang der 1990er-Jahre begann, Asien zu bereisen, entdeckte ich, wie köstlich authentisches asiatisches Essen ist. Ich lernte Klassiker wie Khao Soi Gai, frittiertes Karaage-Hähnchen, Pho, gefüllte Teigtaschen und Ramen kennen. Ich verfiel der Kombination aus scharf, salzig und sauer, aber auch der Vielfalt an Texturen, zwischen denen ich bei jeder Mahlzeit wählen konnte, von brutzelnden Currys bis hin zu fluffig-weichen Baozi. Nach jeder meiner vielen Reisen versuchte ich, meine Lieblingsgerichte mit ihren besonderen Geschmacksnoten und Küchentechniken zu Hause möglichst authentisch nachzukochen. Dieses Buch ist das Ergebnis meiner Experimente und fasst köstliche Entdeckungen aus vielen Jahren des Kochens und Reisens zusammen. Und Sie werden sehen: asiatische Küche ist keine Zauberei. Sie brauchen nur eine gute Anleitung und die richtigen Zutaten.

Die asiatische Küche wird weltweit wegen ihrer wundervollen Aromen geliebt, und sie hat obendrein auch noch den Vorzug, sehr gesund zu sein. Fermentierte Lebensmittel wie Miso, Sojasauce, Bohnenpaste, Reisessig, Fischsauce und Gochujang sind hier allgegenwärtig. Diese Grundzutaten intensivieren den Geschmack der Gerichte und stärken gleichzeitig Immunsystem und Verdauungstrakt. Und sie sorgen für Umami, diese kräftige fünfte Geschmacksrichtung (neben süß, sauer, salzig und bitter). Sie begegnet uns in der asiatischen Küche auf Schritt und Tritt und entlockt uns beim Genuss unserer Lieblingsgerichte die verzückten Seufzer. Fermentierte Lebensmittel und Umami sind das Herzstück der asiatischen Küche und der Grund, warum sie so unwiderstehlich ist.

Die Kochkunst Asiens blieb westlichen Köchen lange ein Buch mit sieben Siegeln, denn die Zutaten waren nur schwer erhältlich. Das hat sich in den letzten Jahrzehnten geändert – sei es durch Fernreisen oder die zunehmende Zahl asiatischer Restaurants, aber auch die sozialen Medien haben dazu beigetragen, dass ambitionierte

Hobbyköche neugieriger und mutiger geworden sind. All das hat dazu geführt, dass Zutaten wie Yuzusaft, Szechuanpfeffer, Tamarindenpaste und die thailändische Chilipaste Nam Prik Pao heute in in gut sortierten Supermärkten, asiatischen Lebensmittelgeschäften oder online erhältlich sind. Um ein asiatisches Gericht authentisch nachzukochen, ist meist eine bestimmte Geschmackskomponente ausschlaggebend, ob dies nun Shichimi Togarashi, Mirin oder Chilipaste ist. Mit diesen Zutaten kann man auch zu Hause köstliches, authentisch asiatisches Essen kochen.

Dieses Buch zelebriert die Klassiker, die wir alle lieben, es stellt aber auch Neuentdeckungen vor, und auch moderne Rezepte, wie etwa gesunde Salate und asiatisch inspirierte Desserts fehlen nicht. Ich habe die Rezepte nicht nach Ländern geordnet, sondern nach Art der Gerichte. Wenn Sie also nach herzhaftem Pfannengerührtem suchen, schauen Sie ins Wok-Kapitel (Seite 188–215). Wärmende Suppen finden Sie unter Suppe & Nudeln (Seite 54–79). Wo dies ohne Kompromisse für den Geschmack möglich war, habe ich die Rezepte vereinfacht. Und ich habe Zeichnungen und Anleitungen eingestreut, die ganz genau zeigen, wie Teigtaschen gefaltet werden, wie man meisterlich grillt oder wie Sie Ramen und Donabe-Eintöpfe nach Ihrem eigenen Geschmack zubereiten können.

Zusätzlich zu den Rezepten finden Sie am Ende ein umfangreiches Glossar (Seite 238–249), das die asiatischen Zutaten und ihre Besonderheiten erklärt, wie sie sich von Land zu Land unterscheiden und worauf man beim Kauf achten sollte.

Mit diesem Buch möchte ich Ihnen das Wissen an die Hand geben, das Sie brauchen, um Ihre asiatischen Lieblingsgerichte zu Hause nachzukochen. Und da es in Asien beim Essen immer auch ums Teilen und Beisammensein geht, können Ihre Familie und Freunde sich auf kommende Genüsse freuen!

Jennifer Joyce

VORSPEISEN & SNACKS

Tempura zu machen ist eigentlich ganz einfach, man muss nur den Teig richtig hinbekommen. Ich habe nach vielen Versuchen ein narrensicheres Rezept gefunden: Für eine superknusprige Hülle setze ich auf eine Mischung aus Weizenmehl und Speisestärke, mit eiskaltem Sprudelwasser verrührt. Der Teig muss ziemlich flüssig sein, sodass er Zwiebeln und Garnelen hauchdünn umhüllt, und er sollte beim Frittieren nicht dunkel werden.

TEMPURA MIT GARNELEN UND ZWIEBELN

FÜR 4 PERSONEN
VORBEREITUNG: 10 MINUTEN
ZUBEREITUNG: 10 MINUTEN

3 milde Zwiebeln
8 große Garnelen
250 ml eiskaltes Sprudelwasser
1 Ei
90 g Maisstärke
90 g Weizenmehl Type 405, plus Mehl zum Wenden
Pflanzenöl zum Frittieren

LIMETTEN-PONZU-SAUCE
45 ml helle japanische Sojasauce
2 EL Limettensaft
1 EL Zucker

Die Zwiebeln schälen, dabei den Wurzelansatz intakt lassen. Die Zwiebeln in 1 cm dicke Scheiben schneiden und die Scheiben so gut es geht zusammenhalten.

Von den Garnelen den Kopf abdrehen, die Schale bis auf die Schwanzflosse entfernen. Die Garnelen am Rücken entlang einschneiden und den dunklen Darm herausziehen.

Für die Limetten-Ponzu-Sauce sämtliche Zutaten in einer kleinen Schale verrühren; beiseitestellen.

In einer großen Schüssel das Sprudelwasser mit dem Ei verrühren. Maisstärke und Mehl in eine zweite Schüssel geben. Auf einen flachen Teller etwas zusätzliches Mehl streuen.

Das Öl in einem Wok oder mittelgroßen Topf auf 180–190 °C erhitzen – ein kleiner Brotwürfel sollte darin sofort zu sieden beginnen. Ein Küchenthermometer ist hier sehr nützlich, um eine gleichmäßige Temperatur zu halten. Ist das Öl zu heiß, verbrennen die Tempura, ist es zu kalt, nehmen sie zu viel Fett auf.

In der Zwischenzeit den Teig anmischen: Die trockenen Zutaten zu den flüssigen geben und mit Essstäbchen kurz verrühren, sodass noch Klümpchen zu sehen sind. Garnelen und Zwiebeln zuerst in dem zusätzlichen Mehl wenden, dann in den Teig tauchen. Immer 6 oder 7 Stücke auf einmal in 3–4 Minuten goldgelb frittieren. Auf einem mit Küchenpapier belegten Gitter abtropfen lassen. So bleibt das Tempura knusprig (auf Papier alleine wird es weich).

Das Tempura sofort mit der Limetten-Ponzu-Sauce servieren.

TIPP

Für dieses Rezept eignen sich milde Zwiebeln am besten – zum Beispiel die französischen Oignons doux des Cévennes, die auch bei uns immer häufiger zu finden sind.

Zu diesem Dip hat mich die japanische Zitruspaste Yuzu Kosho inspiriert, die mit zerstoßenen grünen Chilis, Salz und Yuzu-Schale die Zunge kitzelt. Auf Grillfleisch oder in Ramen- und Feuertopfgerichten ist ihr würzig-blumiger Geschmack eine Sensation. Man bekommt Yuzu Kosho im Asia-Laden, aber meine hausgemachte Version aus Limettenschale und Jalapeños ist auch nicht zu verachten.

SÜSSKARTOFFELCHIPS UND CREMIGER CHILIDIP

FÜR 4–6 PERSONEN
VORBEREITUNG: 10 MINUTEN
ZUBEREITUNG: 45 MINUTEN

2 große Süßkartoffeln mit Schale
2 EL Pflanzenöl
Meersalz

CREMIGER CHILIDIP
1 Knoblauchzehe, in Scheiben geschnitten
½ TL Meersalz
1 daumenlange Jalapeño- oder andere grüne Chilischote, in Ringe geschnitten
1 EL Yuzu- oder Limettensaft
dick abgezogene Schale von 1 unbehandelten Limette
60 ml Mayonnaise
90 ml Buttermilch

Den Backofen auf 150 °C (130 °C Umluft) vorheizen. Die gut abgeschrubbten Süßkartoffeln auf dem Gemüsehobel längs in etwa 2,5 mm dicke Scheiben schneiden. Beim Backen schrumpfen sie noch, und wenn man sie zu dünn schneidet, verbrennen sie im Ofen sehr schnell.

Die Kartoffelscheiben beidseitig mit Öl einreiben und auf zwei Backblechen verteilen. Im Ofen 45 Minuten backen, bis die Chips knusprig sind. Nach der Hälfte der Zeit die Position der Bleche im Ofen tauschen. Die Chips 10 Minuten vor Ablauf der Backzeit wenden, damit sie gleichmäßig trocknen.

Die Chips aus dem Ofen nehmen, mit Salz bestreuen und auf dem Blech abkühlen lassen. Sofort servieren oder in einem mit Backpapier ausgelegten, luftdicht schließenden Behältnis aufbewahren, damit sie knusprig bleiben.

Für den Chilidip Knoblauch, Salz, Chilischote, Yuzu- oder Limettensaft und Limettenschale im Mörser zu einer Paste zerstoßen. Mit Mayonnaise und Buttermilch verrühren, dann in eine kleine Servierschale umfüllen.

Die Süßkartoffelchips mit dem Dip servieren.

TIPP

Der Dip passt auch perfekt zu den Grünkohlchips mit Miso auf Seite 14, gedämpften Edamame oder knackigen Rohkoststicks.

Am besten bereiten Sie davon gleich die doppelte Menge zu – die Chips haben Suchtpotenzial und sind immer im Handumdrehen verputzt. Verwenden Sie hier unbedingt frische, große Grünkohlblätter. Der vorgeschnittene Grünkohl, den man im Plastikbeutel kauft, ist nicht zu empfehlen, denn er enthält oft auch die holzigen Stiele, die nicht so schön knusprig werden. Das Miso lässt sich durch Wasabi ersetzen – dann reicht aber die halbe Menge.

GRÜNKOHLCHIPS MIT MISO

FÜR 4–6 PERSONEN
VORBEREITUNG: 10 MINUTEN
ZUBEREITUNG: 20 MINUTEN

1 EL Shiro-Miso (weiße Misopaste)
2 EL Reisessig
2 EL zerlassenes Kokosöl
150 g Grün- oder Palmkohl
1 EL Shichimi Togarashi oder Furikake (japanische Gewürzmischung)

Den Backofen auf 150 °C (130 °C Umluft) vorheizen. Misopaste, Reisessig und Kokosöl in einer großen Schüssel vermengen.

Die Stiele von den Grünkohlblättern abschneiden und die Blätter in 6 cm große Stücke schneiden oder reißen. Ebenfalls in die Schüssel geben und alles mit den Händen durchmischen.

Die Blätter nebeneinander auf einem großen Backblech verteilen. Mit der Gewürzmischung bestreuen und im Ofen in 20 Minuten knusprig backen.

TIPP

Die Grünkohlchips sind auf Seite 13 neben den Süßkartoffelchips zu sehen.

Sie suchen eine ganz einfache, aber sensationelle Vorspeise? Würfeln Sie ein paar frische Jakobsmuscheln, dazu kommt eine reife Mango und thailändisches Kokosdressing. Reiskräcker oder auch eine Portion frisch zubereiteter Lotos-Chips (siehe Seite 44) sind die passende Ergänzung.

KOKOS-MANGO-MUSCHELTATAR MIT REISKRÄCKERN

FÜR 4 PERSONEN
ZUBEREITUNG: 20 MINUTEN
PLUS 1 STUNDE KÜHLEN

300 g ausgelöste Jakobsmuscheln
150 ml Limettensaft
2 EL Orangensaft
2 EL rote Zwiebel, klein gewürfelt
½ TL Meersalz
1 TL Zucker
1 reife, aber feste Mango
2 kleine Thai-Chilischoten oder
   1 daumenlange rote Chili, in dünne
   Ringe geschnitten
1 kleine Handvoll Koriander, gehackt

KOKOSDRESSING
50 ml Kokosnuss-Creme
abgeriebene Schale und Saft von
   1 Bio-Limette
1 EL Fischsauce
1 TL frischer Ingwer, gerieben

Thailändische Reiskräcker zum
   Servieren

Die Jakobsmuscheln in 1 cm große Stücke schneiden und in einer Schüssel gründlich mit Limetten- und Orangensaft, Zwiebeln, Salz und Zucker vermischen, dann abdecken und 1 Stunde kalt stellen.

Das Muschelfleisch in ein Sieb geben und gut abtropfen lassen, dann in eine Schüssel geben. Vorsichtig mit den Zutaten für das Kokosdressing vermischen.

Die Mango in 1 cm große Stücke schneiden, zusammen mit Chili und Koriander in die Schüssel geben und alles gut vermengen. Mit den Reiskräckern servieren.

TIPP

Sie können anstelle von Jakobsmuscheln auch Heilbutt oder jeden anderen festen weißfleischigen Fisch verwenden, wichtig ist nur, dass er sehr frisch ist.

Vor einigen Jahren entdeckte ich Tamagoyaki, die japanische Omelett-Version, vor den Toren des Tokioter Fischmarkts Tsukiji. Es besteht aus leicht gesüßtem Ei und wird kunstvoll in mehreren Schichten gebacken und aufgerollt. Es dient als Snack, Sushi-Zutat oder Bestandteil einer Bento-Box. Ich war fasziniert von dem Stand mit den acht gleichzeitig in Betrieb befindlichen Pfannen. Dazu gab es einen atemberaubend scharfen Senf, den ich hier ein wenig mit Miso abgemildert habe.

Japanisches Omelett (Tamagoyaki) mit Honig-Senf-Dip

FÜR 4 PERSONEN
VORBEREITUNG: 5 MINUTEN
ZUBEREITUNG: 10 MINUTEN

4 Eier, verquirlt
1 EL Mirin (japanischer Reiswein)
2 TL Zucker
½ TL helle japanische Sojasauce
1 Prise Meersalz
1 TL Pflanzenöl
1 EL fein gehackter Schnittlauch zum Bestreuen

HONIG-SENF-DIP
1 EL scharfer Senf
2 EL Mirin
1 TL Shiro-Miso (weiße Misopaste)
1 EL Reisessig
2 TL Honig

Alle Zutaten für den Honig-Senf-Dip in einer kleinen Schale verrühren und beiseitestellen.

Die Eier in einer mittelgroßen Schüssel mit Mirin, Zucker, Sojasauce sowie Salz vermengen und glatt rühren. Gleichmäßig auf zwei kleine Schalen aufteilen.

Eine mittelgroße Pfanne oder eine rechteckige Tamagoyaki-Pfanne erhitzen und den Pfannenboden mit Öl einpinseln. Bei schwacher bis mittlerer Hitze eine dünne Schicht Eimischung aus einer der Schalen in die Pfanne gießen.

Das noch leicht flüssige Ei nach etwa 30 Sekunden mit zwei Pfannenwendern aufrollen und auf eine Seite der Pfanne schieben. Eine weitere dünne Schicht Ei dazugießen. Während das Ei noch flüssig ist, das Omelett hindurchrollen. Den Vorgang wiederholen, bis die Eimischung aus der ersten Schale aufgebraucht ist. Das Omelett auf einen Teller gleiten lassen. Das zweite Omelett ebenso zubereiten.

Die Omeletts 1 Minute abkühlen lassen, dann in 2,5 cm dicke Scheiben schneiden. Mit dem Schnittlauch bestreuen und mit dem Honig-Senf-Dip servieren.

TIPP

Sie können hier eine normale beschichtete Pfanne verwenden oder Sie schauen im Asia-Laden nach den kleinen, rechteckigen Tamagoyaki-Pfannen.

Diese Pfannkuchen bestehen aus dem gleichen Teig wie Teigtaschen, und man isst sie zum Frühstück oder als Snack. Sie werden ähnlich wie ein indisches Roti-Fladenbrot hergestellt: Man bestreicht den Teig mit Sesamöl, bestreut ihn mit Frühlingszwiebeln, rollt ihn auf, formt daraus eine Schnecke, die dann erneut ausgerollt wird. Backen Sie die Pfannkuchen in der Pfanne goldgelb, bis sie schön blättrig werden. Chilisauce zum Dippen ist Pflicht.

CHINESISCHE PFANNKUCHEN MIT FRÜHLINGSZWIEBELN

FÜR 4 PERSONEN
VORBEREITUNG: 20 MINUTEN,
PLUS 30 MINUTEN RUHEZEIT
ZUBEREITUNG: 10 MINUTEN

350 g Weizenmehl Type 450 plus Mehl zum Bestreuen
225 ml kochend heißes Wasser
3 EL Sesamöl
8 Frühlingszwiebeln, klein geschnitten
1 daumenlange rote Chilischote, in Ringe geschnitten
1 EL Sesamsamen, geröstet

Sriracha-Sauce oder chinesische rote Chilisauce zum Servieren

Das Mehl in eine große Schüssel oder in die Rührschüssel der Küchenmaschine geben und unter Rühren das heiße Wasser hinzugießen. So lange Rühren, bis sich der Teig vom Schüsselrand löst und zu einer Kugel formt. Herausnehmen und auf der Arbeitsfläche etwa 5 Minuten mit den Händen kneten, bis der Teig glatt ist. In einer Schüssel mit Frischhaltefolie abdecken und 30 Minuten ruhen lassen.

Den Teig in 4 Portionen aufteilen und jede auf der leicht bemehlten Arbeitsfläche zu einem 20 cm großen Kreis ausrollen. Die Oberfläche mit Sesamöl einpinseln und mit Frühlingszwiebeln und Chiliringen bestreuen.

Jeden Kreis fest aufrollen und zu einer Schnecke formen. Die Schnecken erneut etwa 18 cm groß ausrollen. Die fertigen Pfannkuchen mit dazwischen gelegtem Backpapier aufeinanderschichten und mit einem Küchentuch abdecken.

Eine große Pfanne erhitzen und etwas Sesamöl hineingeben. Den ersten Pfannkuchen von einer Seite in etwa 2 Minuten goldgelb backen, dann wenden. Mit den übrigen Pfannkuchen ebenso verfahren; jeweils etwas Öl in die Pfanne geben.

Die Pfannkuchen vor dem Servieren in Quadrate oder Dreiecke schneiden und mit Sesamsamen bestreuen. Chilisauce zum Dippen in einer kleinen Schale dazustellen.

TIPP

Ich liebe die thailändische Chilisauce Sriracha Panich. Man kann sie mit 1–2 Teelöffel Reisessig abmildern, wenn sie zu scharf ist.

Ich musste viele Jahre experimentieren, bis mein frittierter Tintenfisch perfekt war. Zwei Dinge sind dabei extrem wichtig: Man muss das Fleisch mit einem scharfen Messer einschneiden und vor dem Frittieren mit einer Mischung aus Reismehl und Speisestärke bestäuben. Das feine Mehl sorgt für eine superknusprige Hülle.

KNUSPRIGER TINTENFISCH MIT SÜSS-SCHARFER CHILIKONFITÜRE

FÜR 4 PERSONEN
VORBEREITUNG: 15 MINUTEN
ZUBEREITUNG: 10 MINUTEN

400 g Mini-Tintenfische, küchenfertig
Pflanzenöl zum Frittieren
2 daumenlange rote Chilischoten, in Ringe geschnitten
3 Frühlingszwiebeln, klein geschnitten

SÜSS-SCHARFE CHILIKONFITÜRE
4 daumenlange rote Chilischoten, gehackt
3 Knoblauchzehen
1 TL gehackter frischer Ingwer
150 ml Reisessig
100 g Zucker
2 EL Limettensaft

GEWÜRZTES MEHL
2 EL Szechuanpfeffer
2 TL schwarze Pfefferkörner
1 EL Meersalz
1 EL rote Chiliflocken
75 g Reismehl und Maisstärke, gemischt

Für die Chilikonfitüre Chilis, Knoblauch und Ingwer im Mixer fein zerkleinern. Mit Essig, Zucker und 60 ml Wasser in einen kleinen Topf geben. Zum Kochen bringen und die Flüssigkeit zu einem dünnen Sirup einkochen. Vom Herd nehmen und den Limettensaft einrühren.

Für das gewürzte Mehl die Pfefferkörner in einer kleinen Pfanne etwa 30 Sekunden trocken rösten, bis sie duften. Im Mörser oder in der Gewürzmühle zerkleinern und dann in einer flachen Schale mit Salz, Chiliflocken, Reismehl und Speisestärke vermengen.

Die Tintenfische unter fließendem Wasser abspülen und trocken tupfen. Die Tentakel vom Körper abtrennen. Den Körper aufschneiden und flach auf einem Schneidebrett ausbreiten, dann rautenförmig einschneiden. In 4 cm große Stücke schneiden, zusammen mit den Tentakeln in eine Schüssel geben und mit dem gewürzten Mehl bestäuben.

Das Öl in einem Wok oder mittelgroßen Topf auf 180–190 °C erhitzen – ein kleiner Brotwürfel sollte darin sofort zu sieden beginnen. Jeweils 8 bis 10 Tintenfischstücke auf einmal frittieren, bis sie goldgelb sind sind (ca. 2 Minuten). Auf Küchenpapier abtropfen lassen.

Die Chiliringe ins Öl geben und in 30 Sekunden knusprig frittieren (wer mag, kann auch ein paar Knoblauchscheiben hinzugeben).

Den heißen, knusprigen Tintenfisch mit frittierten Chilis und Frühlingszwiebeln bestreuen und mit der Chilikonfitüre servieren.

VIETNAMESISCHE GLÜCKSROLLEN

SIE BRAUCHEN

MINZE, BASILIKUM UND KORIANDER
FRÜCHTE
GEMÜSE
GARNELEN, SCHWEINE-, RIND- ODER HÄHNCHENFLEISCH
GLASNUDELN

1

Ein Teigblatt für 30 Sekunden in warmes Wasser legen. Herausnehmen, sobald es schrumpelig, aber noch fest ist.
*Zu lange = zu klebrig. Noch mal von vorne!

+

2

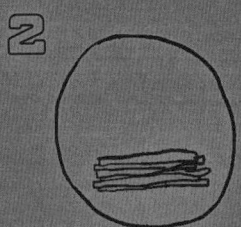

Die Füllung in einem etwa 7,5 cm breiten Streifen 2,5 cm hoch auf der unteren Hälfte des Blatts verteilen.

3

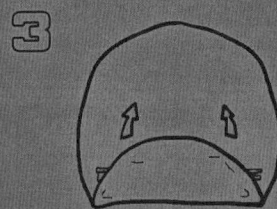

Den unteren Rand des Teigblatts über die Füllung schlagen. Einmal unter Spannung einrollen.

+

4

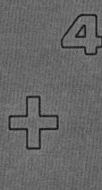

Die seitlichen Ränder einschlagen, sodass die Füllung eingeschlossen ist.

+

5

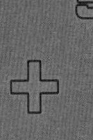

Unter Spannung fest aufrollen.

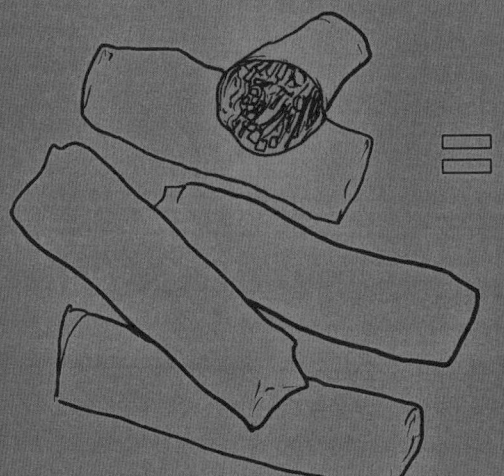

= **FERTIG ZUM DIPPEN!**

GUT DAZU:
NUOC-CHAM-SAUCE
CHILI-LIMETTEN-DIP
ERDNUSSSAUCE

VORSPEISEN & SNACKS

Hier können Sie Ihrer Kreativität freien Lauf lassen. Eigentlich eignet sich jedes Gemüse für diese farbenfrohen, gesunden Röllchen. Nach ein paar Versuchen werden Sie sicher die perfekte Rolltechnik beherrschen, aber ich habe auch noch ein paar Tipps: Weichen Sie die Teigblätter im Zweifel lieber etwas kürzer ein, überfüllen Sie sie nicht und halten Sie beim Einrollen die Spannung aufrecht.

BUNTE VIETNAMESISCHE GLÜCKSROLLEN

ERGIBT 8 RÖLLCHEN
ZUBEREITUNG: 1 STUNDE

100 g dünne Glasnudeln
2 Mini-Salatgurken
100 g Garnelen, gekocht, geschält und längs halbiert
1 Mango, in Stifte geschnitten
1 Papaya, in Stifte geschnitten
3 bunte Möhren, in feine Streifen geschnitten
2 Schalotten, in feine Streifen geschnitten
je 1 Handvoll Minze-, Koriander- und Basilikumblätter
12 Reispapierblätter (15 cm Durchmesser)

CHILI-LIMETTEN DIP
2 EL Fischsauce
4 EL Limettensaft
2 TL frischer Ingwer, gerieben
2 EL Orangensaft
1 rote Chilischote, in Ringe geschnitten
1 Knoblauchzehe, fein gehackt

Die Glasnudeln in warmem Wasser einweichen, dann abgießen. Die Zutaten für den Dip miteinander verrühren; in eine Servierschale umfüllen.

Die Gurken mit einem Sparschäler längs in dünne Streifen hobeln. Gurken, Garnelen, Mango, Papaya, Möhren, Schalotten, Kräuter und Nudeln nebeneinander auf ein Blech oder Brett legen. So ist beim Füllen alles schnell zur Hand.

Ein großes Küchentuch auf die Arbeitsfläche legen. Warmes Wasser in eine Schüssel geben. Jedes Teigblatt einzeln etwa 30 Sekunden einweichen. Wenn es beginnt weich zu werden, herausnehmen, abtropfen lassen und auf das Küchentuch legen (nicht trocken tupfen, da das Teigblatt sonst klebrig wird).

Für die Garnelenröllchen auf die untere Hälfte des Blattes 2 Garnelenhälften, etwas Mango oder Papaya, Möhren, Schalotten, Nudeln, Minze, Koriander und Basilikum in einer Reihe anordnen. Das untere Ende des Reispapierblatts über die Füllung schlagen, die Seiten einschlagen und das Teigblatt fest aufrollen. Siehe auch Schritt-für-Schritt-Anleitung auf Seite 23.

Für die Gurkenröllchen 3 Gurkenstreifen längs in die Mitte des Teigblatts legen. Dann die restliche Füllung wie oben beschrieben darauf anrichten und einrollen.

Die Glücksröllchen mit der Naht nach unten auf ein mit Backpapier ausgelegtes Blech legen. Für perfekte Röllchen braucht man etwas Übung – nicht die Geduld verlieren! Wenn die Hülle zu weich ist, fällt sie auseinander, ist sie zu fest, halten die Ränder nicht zusammen. Eingerissene Röllchen wieder auspacken und neu machen. Üben Sie, bis Sie ein Gefühl für die richtige Konsistenz entwickelt haben.

Die Röllchen zum Servieren in der Mitte durchschneiden und den Chili-Limetten-Dip dazu reichen.

TIPP

Sie können die Röllchen vor dem Servieren bis zu 12 Stunden aufbewahren. Decken Sie sie mit Backpapier zu und stellen Sie das in Frischhaltefolie eingeschlagene Blech in den Kühlschrank.

Dieses Rezept ist inspiriert von den japanischen Izakaya, den mit duftenden Rauchschwaden gefüllten Kneipen, in denen über Holzkohlenglut köstliche Snacks wie Yakitori und Karaage-Hähnchen gegrillt werden. Die Gewürzmischung Shichimi Togarashi, auch Sieben-Gewürz-Chilipfeffer genannt, verleiht den Hähnchenflügeln eine milde Schärfe. Sie können sie in Asia-Läden kaufen oder selber machen (siehe Seite 238). Reichen Sie zu den Chicken Wings ein eiskaltes Bier – reichlich Papierservietten nicht vergessen.

CHICKEN WINGS MIT SHICHIMI TOGARASHI, ZITRONE UND SOJASAUCE

FÜR 4 PERSONEN
VORBEREITUNG: 10 MINUTEN PLUS 2 STUNDEN MARINIEREN
ZUBEREITUNG: 45 MINUTEN

60 ml helle japanische Sojasauce
60 ml Sake oder Mirin (japanischer Reiswein)
60 ml Honig
1 EL frischer Ingwer, gerieben
2 Knoblauchzehen, zerdrückt
Saft von 1 Zitrone
2 EL Shichimi Togarashi (japanische Gewürzmischung)
1,4 kg Hähnchenflügel, im Gelenk halbiert

Die Sojasauce in einer kleinen Schüssel mit Sake oder Mirin, Honig, Ingwer, Knoblauch, Zitronensaft und Shichimi Togarashi verrühren, dabei je 1 EL Sojasauce, Honig und Shichimi zurückbehalten.

Die Hähnchenflügel mit der Marinade in einen Gefrierbeutel geben und 2 Stunden oder über Nacht im Kühlschrank marinieren.

Den Backofen auf 200 °C (180 °C Umluft) vorheizen. Die Chicken Wings auf einem großen Backblech verteilen. Mit Alufolie abdecken und 15 Minuten backen. Die Folie entfernen und die Hähnchenflügel weitere 30 Minuten backen.

Die Chicken Wings 10 Minuten vor Ablauf der Backzeit mit dem zurückbehaltenen Honig und der Sojasauce überziehen. Sie sollten am Ende schön glänzen und an den Rändern knusprig sein. Mit der übrigen Gewürzmischung bestreuen und heiß servieren.

TIPP

Sie können Ihren Geflügelhändler bitten, die Hähnchenflügel für Sie zu halbieren, oder es ganz einfach selbst machen: Einen Flügel nehmen und das Gelenk spreizen. Mit der Geflügelschere oder einer Küchenschere durch den Knorpel schneiden und die beiden Hälften trennen.

Der Name suggeriert zwar Ursprünge im Burma der Kolonialzeit, aber Crab Rangoons (knusprig frittierte Teigtaschen mit einer Füllung aus ausgelöstem Taschenkrebs, Frischkäse und Frühlingszwiebeln) sind eine durch und durch amerikanische Erfindung. Man findet diese Teigtaschen in nahezu jedem chinesischen Restaurant in den USA – dort gelten sie als Klassiker.

CRAB RANGOONS

ERGIBT 20 TEIGTASCHEN
VORBEREITUNG: 30 MINUTEN
ZUBEREITUNG: 5 MINUTEN

100 g ausgelöstes weißes Fleisch vom Taschenkrebs
125 g Frischkäse
2 Frühlingszwiebeln, in dünne Ringe geschnitten
1 kleine rote Chilischote, gewürfelt
1 Prise Meersalz
schwarzer Pfeffer, frisch gemahlen
40 quadratische Wan-Tan-Teigblätter
1 Eiweiß
Pflanzenöl zum Frittieren

Sriracha-Sauce oder andere scharfe Chilisauce zum Servieren

Krebsfleisch, Frischkäse, Frühlingszwiebeln, Chilischote, Meersalz und Pfeffer in einer kleinen Schüssel vermengen.

20 Wan-Tan-Blätter diagonal auf einem Küchentuch auslegen und mit Eiweiß bepinseln. Jeweils ein zweites Teigblatt auf jedes eingepinselte Blatt legen.

In die Mitte jedes Teigblatts 1 Teelöffel der Füllung setzen. Die Teigränder mit Eiweiß bepinseln. Zwei gegenüberliegende Ecken in der Mitte zusammennehmen und zusammendrücken. Dann die beiden anderen Ecken in der Mitte zusammennehmen. Alle 4 Ecken zusammendrücken, um die Füllung einzuschließen. Auf diese Weise 20 Wan-Tan-Taschen anfertigen.

Das Öl in einem Wok oder einem mittelgroßen Topf auf 180–190 °C erhitzen – ein kleiner Brotwürfel sollte darin sofort zu sieden beginnen. Immer 5 Wan-Tan zusammen knusprig frittieren und anschließend auf Küchenpapier abtropfen lassen.

Sofort mit scharfer Chilisauce servieren.

Hier darf der Tofu mit seiner Salz-und-Pfeffer-Hülle und seinem cremigen Inneren zeigen, was er kann. Kaufen Sie guten, festen Tofu in Wasser, der sich lange Zeit im Kühlschrank hält. Gute Qualität finden Sie oft in Asia-Shops, aber auch im Bioladen oder online. Wer Tofu nicht mag, kann ihn durch Garnelen oder Hähnchenfleisch ersetzen.

TOFU MIT SZECHUANPFEFFER UND ZWEI DIPS

FÜR 4 PERSONEN
VORBEREITUNG: 15 MINUTEN
ZUBEREITUNG: 15 MINUTEN

400 g fester Tofu, abgetropft
1 EL Szechuan-Pfefferkörner
50 g Maisstärke
1 EL rote Chiliflocken
1 EL Meersalz
schwarzer Pfeffer, frisch gemahlen
250 ml Pflanzenöl
2 daumenlange rote Chilischoten, in Ringe geschnitten
2 Knoblauchzehen, in dünne Scheiben geschnitten
2 Frühlingszwiebeln, klein geschnitten

SCHWARZER-ESSIG-DIP
2 EL geröstete Chiliflocken in Öl, abgetropft
1 EL Chinkiang-Essig (schwarzer Reisessig)
1 EL helle Sojasauce
1 EL Hoisin-Sauce

CHILIDIP
3 EL Sriracha-Sauce oder andere scharfe Chilisauce
1 EL Reisessig

Den Tofu dick in Küchenpapier einschlagen und mit einem Teller beschweren. Wenn das Papier durchgeweicht ist, austauschen. Etwa dreimal wiederholen, bis der Tofu gut entwässert und ein wenig geschrumpft ist. Je trockener der Tofu, desto knuspriger wird er später. In 4 cm große Würfel schneiden.

Die Szechuan-Pfefferkörner in einer kleinen Pfanne 30 Sekunden trocken rösten, bis sie zu duften beginnen. In der Gewürzmühle oder im Mörser grob zerkleinern und dann in einer kleinen Schüssel mit Maisstärke, Chiliflocken, Salz und etwas schwarzem Pfeffer vermengen. Den Tofu sorgfältig darin wenden und den Überschuss abschütteln.

Die beiden Dips jeweils separat in kleinen Schalen anrühren.

Kurz vor dem Servieren einen großen Wok oder eine Pfanne erhitzen. Das Öl hineingeben und den Tofu in mehreren Portionen rundum knusprig braten. Auf Küchenpapier abtropfen lassen.

Chiliringe und Knoblauchscheiben ins heiße Öl geben und in 1 Minute goldgelb und knusprig braten.

Den heißen Tofu mit Frühlingszwiebeln, Chili und Knoblauch bestreuen und mit den beiden Dips servieren.

KNUSPRIGE FRÜHLINGSROLLEN

Ein Teigblatt diagonal auslegen und mit Eiweiß bepinseln. Ein zweites Teigblatt darauflegen und ebenfalls einpinseln.

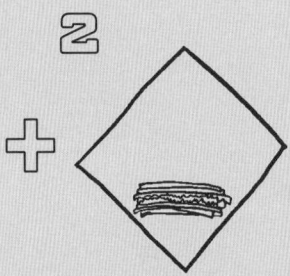

Die Füllung auf das untere Drittel des Teigblatts setzen und einen großzügigen Rand lassen.

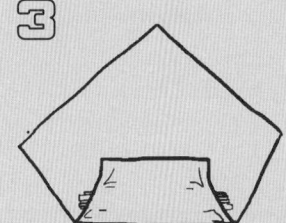

Die untere Ecke hochnehmen und die Füllung unter Spannung einmal einrollen.

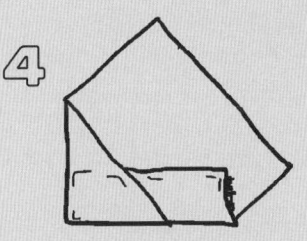

Die linke Ecke überschlagen und andrücken.

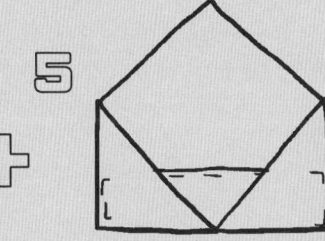

Die rechte Ecke überschlagen, sodass eine Art Briefumschlag entsteht.

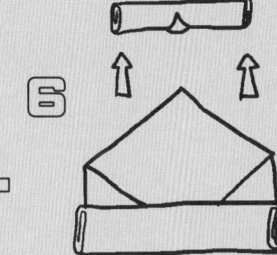

Die Rolle unter gleichmäßiger Spannung vollständig aufrollen.

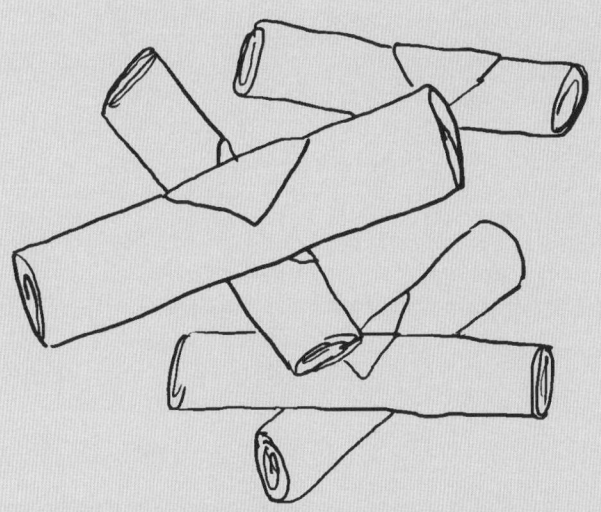

BEREIT ZUM FRITTIEREN!

VORSPEISEN & SNACKS

In meiner Kindheit gab es in Wisconsin nicht viele asiatische Restaurants, aber wir hatten ein paar chinesische Imbissbuden. Dort gab es meist langweiliges Chop Suey und die übliche Imbissware, aber auch ein absolutes Highlight: Dicke, knusprige Frühlingsrollen und dazu ein Schälchen mit würzigem Senfdip. In China habe ich diese Kombination zwar noch nie gesehen, aber sie ist einfach fantastisch.

CHINESISCHE FRÜHLINGSROLLEN MIT SÜSSEM SENF

ERGIBT 10–12 FRÜHLINGSROLLEN
VORBEREITUNG: 45 MINUTEN
ZUBEREITUNG: 10 MINUTEN

1 EL Pflanzenöl
2 Knoblauchzehen, fein gehackt
1 Stück frischer Ingwer (3 cm), gehackt
150 g Weißkohl, gehobelt
2 große Möhren, in feine Streifen geschnitten
100 g Bohnensprossen
100 g Shiitakepilze, in Scheiben geschnitten
1 Sellseriestange, in feine Streifen geschnitten
4 Frühlingszwiebeln, gehackt
1 EL helle Sojasauce
2 TL Maisstärke
24 Teigblätter für Frühlingsrollen (15 x 15 cm)
2 Eiweiß
Erdnussöl zum Frittieren

Honig-Senf-Dip (siehe Seite 16) zum Servieren

Das Pflanzenöl in einem Wok oder einem Topf erhitzen. Knoblauch, Ingwer, Weißkohl, Möhren, Sprossen, Pilze, Sellerie und Frühlingszwiebeln darin 3–4 Minuten andünsten, bis sie weich sind, dann die in Sojasauce aufgelöste Maisstärke einrühren. Den Wok vom Herd nehmen und das Gemüse in eine Schüssel umfüllen. Im Kühlschrank vollständig abkühlen lassen, dann überschüssige Flüssigkeit abgießen.

Auf der Arbeitsfläche 2 Teigblätter aufeinanderlegen (dadurch wird die Hülle trotz der feuchten Füllung schön knusprig). Am besten legt man sie diagonal aus. Die Oberseite mit etwas Eiweiß bepinseln. Etwa 3 Esslöffel der Füllung auf das untere Drittel des Teigblatts setzen und die untere Ecke darüberschlagen. Die beiden Seiten einschlagen und die Füllung fest einrollen. Es ist extrem wichtig, die Spannung beim Einrollen gleichmäßig zu halten, damit die Füllung fest eingeschlossen wird. Die Naht mit etwas Eiweiß bepinseln. Die Rollen können mit zwischengelegtem Backpapier bis zu 4 Stunden im Kühlschrank aufbewahrt werden. Wer sie tiefkühlen möchte, schlägt sie am besten einzeln in Frischhaltefolie ein. Siehe auch Schritt-für-Schritt-Anleitung auf Seite 32.

Das Öl in einem Wok oder einem mittelgroßen Topf auf 180–190 °C erhitzen – ein kleiner Brotwürfel sollte darin sofort zu sieden beginnen. Immer 5 oder 6 Frühlingsrollen auf einmal knusprig frittieren, dann auf Küchenpapier abtropfen lassen. Im Backofen warm halten. Die Frühlingsrollen sofort mit dem Dip servieren.

TIPP

Wenn Sie Ihre Frühlingsrollen roh eingefroren haben, können Sie sie direkt ins heiße Öl geben. Das spritzt ein bisschen, aber sie werden wunderbar knusprig.

Es gibt viele schlechte Kopien dieses kantonesischen Snacks, aber richtig zubereitet ist er wirklich großartig. Dieses Rezept überzeugt durch die süßen Wasserkastanien, die einen schönen Biss geben, als auch wegen des Sauerteigbrots, da dieses nicht so schnell durchweicht.

GARNELENTOAST MIT WASSERKASTANIEN UND FRÜHLINGSZWIEBELN

ERGIBT 30 TOASTS
VORBEREITUNG: 10 MINUTEN
ZUBEREITUNG: 10 MINUTEN

300 g rohe Granelen, geschält
75 g Wasserkastanien, abgetropft
1 TL frischer Ingwer, gehackt
1 TL helle Sojasauce
1 Eiweiß
1 TL Maisstärke
4 Frühlingszwiebeln, gehackt
10 Scheiben helles Sauerteigbrot
50 g schwarze und weiße Sesamsamen
Pflanzenöl zum Frittieren

Sriracha-Sauce oder andere scharfe
 Chilisauce und/oder Schwarzer-Essig-
 Dip (siehe Seite 29) zum Servieren

Garnelen, Wasserkastanien, Ingwer, Sojasauce, Eiweiß, Maisstärke und 2 Frühlingszwiebeln im Mixer grob zerkleinern. Beiseitestellen.

Die Rinde von den Brotscheiben entfernen und jede Scheibe anschließend in 3 Dreiecke schneiden. Dick mit der Garnelenmischung bestreichen, dann in die Sesamsamen drücken.

Einen Wok oder eine hohe Pfanne 5 cm hoch mit Öl füllen. Ein Backblech mit einer Lage Küchenpapier zum Abtropfen auslegen.

Das Öl auf 180–190 °C erhitzen – ein kleiner Brotwürfel sollte darin sofort zu sieden beginnen. Jeweils 5 oder 6 Toasts auf einmal in 1–2 Minuten goldbraun und knusprig frittieren. Anschließend auf Küchenpapier abtropfen lassen.

Die Garnelentoasts mit der Sriracha-Sauce und/oder Schwarzer-Essig-Dip servieren.

Bevor ich nach Japan kam, mochte ich dieses Gericht nicht besonders – entweder war es zu ölig oder die Brühe fad. Erst im Land selbst habe ich verstanden, warum es so beliebt ist. Es lohnt sich unbedingt, die Dashibrühe selber zuzubereiten. Traditionell verwendet man Seidentofu, der aber beim Panieren leicht zerfällt. Mittelfester Tofu hält besser zusammen und wird trotzdem cremig.

AGEDASHI-TOFU

FÜR 4 PERSONEN
VORBEREITUNG: 15 MINUTEN
PLUS 20 MINUTEN PRESSEN
ZUBEREITUNG: 15 MINUTEN

400 g mittelfester Tofu, abgetropft
45 ml helle japanische Sojasauce
45 ml Mirin (japanischer Reiswein)
300 ml Dashibrühe (siehe Seite 78)
Pflanzenöl zum Frittieren
50 g Maisstärke
2 Frühlingszwiebeln, fein gehackt
1 daumenlange rote Chilischote, in
    dünne Ringe geschnitten
3 EL frischer Ingwer, gerieben
1 Blatt Nori, in feine Streifen geschnitten

Den Tofu in ein Küchentuch einschlagen, ein Tablett darauflegen und mit Konservendosen oder einem Topf beschweren. 20 Minuten abtropfen lassen, um so viel Wasser wie möglich zu entfernen. Dabei das Tuch bei Bedarf auswechseln.

Sojasauce, Mirin und Dashibrühe in einem Topf zum Köcheln bringen. Warm stellen.

Das Öl in einem Wok oder einem mittelgroßen Topf auf 180–190 °C erhitzen – ein kleiner Brotwürfel sollte darin sofort zu sieden beginnen. Den Tofu in 12 Würfel schneiden und in der Maisstärke wenden. Die Hälfte der Würfel einige Minuten frittieren, bis sie hellgolden sind, dann auf einem Gitter oder Küchenpapier abtropfen lassen. Mit den restlichen Würfeln ebenso verfahren.

Jeweils 3 Tofuwürfel in eine Servierschale geben und mit der Brühe übergießen. Mit Frühlingszwiebeln, Chiliringen und Ingwer bestreuen. Mit Noristreifen garnieren und sofort servieren.

Vietnamesisches Essen ist genial – viel Aroma, aber gleichzeitig federleicht und frisch. Für diese Küchlein werden Garnelen im Mixer püriert und dann mit einer Palmzuckerglasur gegrillt. Zum Servieren hüllt man sie in knackige Salatblätter, dazu gibt es eine leckere Erdnuss-Chili-Sauce zum Dippen.

GARNELENKÜCHLEIN MIT ERDNUSS-CHILI-SAUCE

ERGIBT 16 KLEINE KÜCHLEIN
VORBEREITUNG: 15 MINUTEN
ZUBEREITUNG: 10 MINUTEN

2 EL Palm- oder Rohrohrzucker
1 Stück frischer Ingwer (3 cm)
1 Handvoll Koriander, gehackt
3 kleine Thai-Schalotten, in feine Streifen geschnitten
1 daumenlange rote Chilischote, gewürfelt
400 g rohe Garnelen, geschält
abgeriebene Schale von 2 unbehandelten Limetten
1 EL Fischsauce
schwarzer Pfeffer, frisch gemahlen
3 TL Pflanzenöl

ERDNUSS-CHILI-DIP
100 g Zucker
100 ml Reisessig
1 Prise Meersalz
2 rote Chilischoten, gehackt
2 EL geröstete Erdnüsse, fein gehackt
2 kleine Thai-Schalotten, gehackt
1 EL Fischsauce
1 EL Koriander, gehackt

gekühlter Eisbergsalat zum Servieren

Palm- oder Rohrohrzucker in einer kleinen Pfanne mit 1 Esslöffel Wasser verrühren, aufkochen und vom Herd nehmen.

Für den Erdnuss-Chili-Dip Zucker und Essig in einem kleinen Topf mit dem Salz aufkochen, dann 5 Minuten zu einem Sirup einköcheln lassen. Vom Herd nehmen und vollständig abkühlen lassen. Chilis, Erdnüsse, Schalotten, Fischsauce und Koriander einrühren.

Für die Garnelenküchlein Ingwer, Koriander, Schalotten und Chili in der Küchenmaschine fein pürieren. Garnelen, Limettenschale und Fischsauce hinzugeben und alles gut vermengen, aber nicht zu fein pürieren, damit noch Stückchen übrig bleiben. Kräftig mit Pfeffer abschmecken.

Die Garnelenmischung mit eingeölten Händen zu 16 flachen Küchlein formen. Bis zum Grillen kalt stellen.

Den Backofengrill vorheizen. Die Küchlein von beiden Seiten sparsam mit Öl bepinseln und auf einem Gitterrost über eine Fettpfanne legen.

1 Minute grillen, dann die Oberseite mit dem Palmzuckersirup bepinseln. Weitere 2–3 Minuten grillen, bis die Küchlein goldbraun werden. Sie garen schnell und müssen nicht gewendet werden. Die warmen Küchlein mit den Salatblättern und Erdnuss-Chili-Dip servieren.

TEMAKI-HANDROLLEN

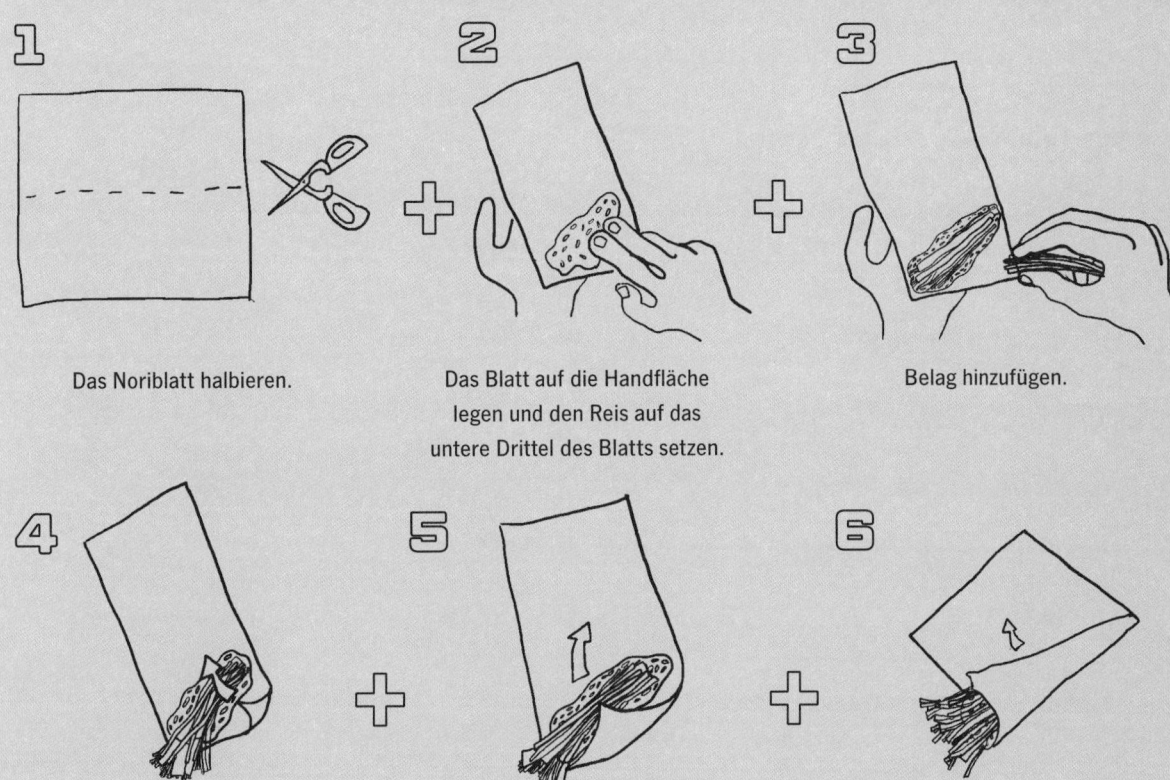

1. Das Noriblatt halbieren.
2. Das Blatt auf die Handfläche legen und den Reis auf das untere Drittel des Blatts setzen.
3. Belag hinzufügen.
4. Mit der freien Hand die rechte Ecke fassen und das Blatt zu einer Tüte eindrehen.
5. Weiter leicht schräg rollen.
6. Die Tüte fertig drehen, die rechte Ecke anfeuchten und fest drücken.

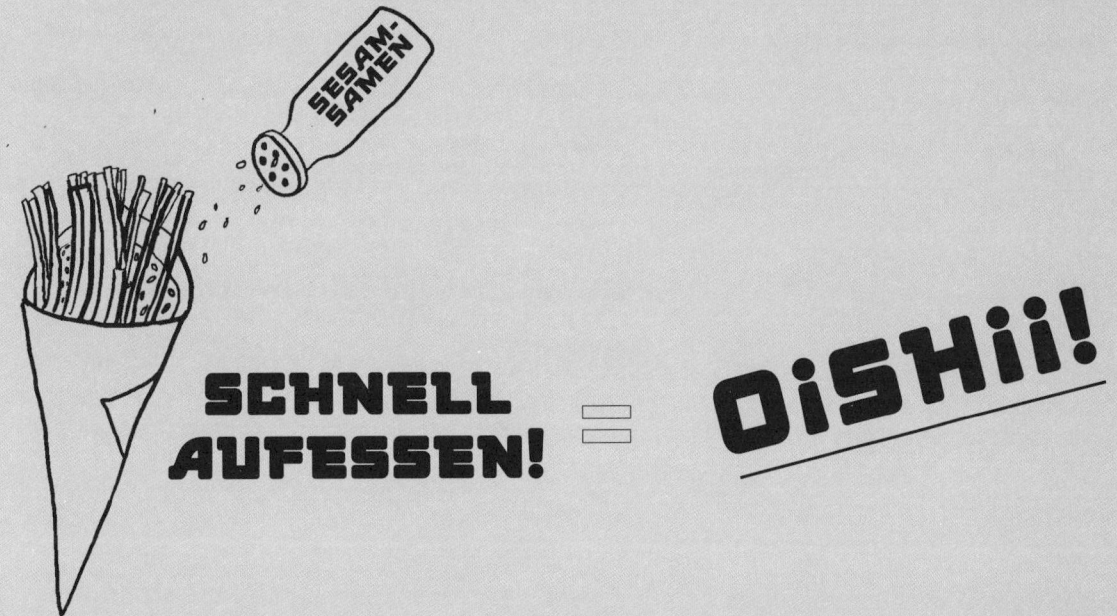

SCHNELL AUFESSEN! = OiSHii!

Temaki sind aus Noriblättern geformte „Eistüten", die mit Krebsfleisch, Garnelen, Hühnchen und anderen leckeren Zutaten gefüllt werden. Ich gebe für etwas Farbe und Geschmack gerne pikante Mayo und Gemüse zum Sushi-Reis. Wenn Sie gern Temaki essen, lohnt sich vielleicht die Anschaffung eines kleinen Reiskochers, der den Reis perfekt gart. Glauben Sie nicht, dass er Staub ansetzt – ich benutze meinen jeden Tag!

JAPANISCHE SUSHI-HANDROLLEN (TEMAKI)

ERGIBT 8 HANDROLLEN
ZUBEREITUNG: 15 MINUTEN

250 g japanischer Sushireis
4 Noriblätter
200 g Thunfischfilet
3 TL Shichimi Togarashi oder Furikake (japanische Gewürzmischung)
2 EL Reisessig
2 TL Zucker
1 Prise Meersalz
8 große Stücke eingelegter Ingwer
1 kleines Bund Schnittlauch
1 Möhre oder Gurke, in feine Streifen geschnitten
1 Avocado, in 8 Scheiben geschnitten
Sesamsamen zum Garnieren

PIKANTE MAYO
2 EL Kewpie- oder normale Mayonnaise
1 TL Yuzu- oder Limettensaft
1 EL scharfe Chilisauce

Den Reis nach Packungsanweisung kochen.

Die Noriblätter mit einer Schere längs halbieren, sodass 8 Rechtecke entstehen.

Den Fisch in 16 etwa 1 × 8 cm große Stücke schneiden. Rundum gründlich mit Shichimi Togarashi bestreuen.

Den Reisessig in einer kleinen Schüssel mit Zucker und Salz verrühren. Sobald der Zucker aufgelöst ist, die Essigmischung über den warmen Reis gießen und vermengen, bis sie aufgenommen und der Reis abgekühlt ist.

Die Mayonnaise in einer kleinen Schüssel mit Yuzu- oder Limettensaft und Chilisauce verrühren. Alle übrigen Zutaten für die Rollen bereitstellen.

Einen gehäuften Esslöffel Reis leicht schräg auf das untere Drittel eines Nori-Rechtecks setzen und die Ecke des Blatts frei lassen. Einige Teelöffel Mayonnaise auf dem Reis verstreichen, dann eingelegten Ingwer, einige Schnittlauchhalme, 2 Fischstücke, Möhre oder Gurke und Avocado daneben anrichten. Mit Sesamsamen bestreuen.

Die Nori-Tüte von rechts unten diagonal aufrollen. Die rechte Ecke anfeuchten und festdrücken. Die Rollen auf einem Brett oder Teller anrichten und sofort servieren. Siehe Schritt-für-Schritt-Anleitung auf Seite 41.

TIPP

Das Thunfischfilet sollte möglichst wenig marmoriert sein. Sie können auch Lachs verwenden.

Wenn jemals zwei Zutaten füreinander gemacht waren, dann sind es Thunfisch und Avocado. Ihr süßer, milder Geschmack und ihre kräftigen Farben sind perfekt für Sashimi, das hier mit einem säuerlichen Dressing angemacht wird. Selbst gemachte Lotos-Chips sorgen für Biss – wer sich die Mühe nicht machen will, greift zu fertig gekauften aus dem Asia-Laden oder zu Reiskräckern.

SASHIMI VOM THUNFISCH MIT AVOCADO UND ZITRUSDRESSING

FÜR 4 PERSONEN
VORBEREITUNG: 15 MINUTEN
ZUBEREITUNG: 15 MINUTEN

300 g Thunfischfilet
3 EL schwarze Sesamsamen
1 große reife Avocado
4 Radieschen, in Scheiben geschnitten
2 EL Schnittlauch, fein gehackt

LOTOS-CHIPS
2 Lotoswurzeln, geschält
2 EL Pflanzenöl

ZITRUSDRESSING
3 TL helle japanische Sojasauce
2 EL Limettensaft
2 EL Orangensaft
1 kleine Schalotte, fein gewürfelt
2 EL Yuzu-Saft
2 TL Zucker
2 TL fein frischer Ingwer, gerieben

Den Backofen auf 200 °C (180 °C Umluft) vorheizen.

Die Lotoswurzeln mit dem Gemüsehobel in etwa 3 mm dicke Scheiben hobeln. Achtung, sie schrumpfen beim Backen und würden verbrennen, wenn man sie zu dünn schneidet. Die Scheiben nebeneinander auf einem Küchentuch oder Küchenpapier verteilen. Mit einem zweiten Tuch abdecken und das Wasser herausdrücken.

Die Lotosscheiben auf einem Backblech verteilen und von beiden Seiten einölen. 15 Minuten backen, bis sie knusprig und goldgelb sind. Vom Blech nehmen und mit Meersalz bestreuen.

Das Thunfischfilet der Länge nach halbieren, in den Sesamsamen wälzen und dann in dünne Scheiben schneiden.

Die Avocado halbieren und den Kern entfernen. Das Fruchtfleisch in der Schale in Scheiben schneiden und die Scheiben mit einem großen Löffel auslösen.

Alle Zutaten für das Zitrusdressing in einer kleinen Schüssel miteinander verrühren. Manche Sojasaucen sind salziger als andere, deshalb unbedingt probieren und den Geschmack anpassen.

Thunfisch- und Avocadoscheiben auf einer Platte oder einzelnen Tellern anrichten. Mit Radieschen garnieren und mit dem Dressing übergießen. Mit Schnittlauch bestreuen und mit den Lotos-Chips servieren.

TIPP

Wenn Sie das Sashimi im Voraus zubereiten, die Thunfischscheiben auf einen mit Backpapier bedeckten Teller legen und mit Backpapier abdecken. Unter Frischhaltefolie beginnt der Fisch zu schwitzen.

Auf den taiwanischen Nachtmärkten bieten Straßenhändler ihr berühmtes „Popcorn Chicken" feil. Das ist nicht einfach irgendein Snack – die Fünf-Gewürze-Marinade und das Chilisalz machen die knusprigen Happen zu etwas ganz Besonderem.

TAIWANISCHES FRITTIERTES HÄHNCHEN

FÜR 4 PERSONEN
VORBEREITUNG: 15 MINUTEN
PLUS 1 STUNDE MARINIEREN
ZUBEREITUNG: 10 MINUTEN

500 g Hähnchenoberschenkel ohne Haut und Knochen
100 g Reismehl oder Maisstärke
Pflanzenöl zum Frittieren
1 große Handvoll Thai- oder normales Basilikum

MARINADE
1 EL helle Sojasauce
1 EL Shaoxing-Reiswein
2 Knoblauchzehen, zerdrückt
3 TL frischer Ingwer, gerieben
2 TL Fünf-Gewürze-Pulver

SZECHUAN-CHILI-SALZ
1 TL Szechuan-Pfefferkörner
1 TL rote Chiliflocken
½ TL Meersalz

PIKANTER DIP
1 EL helle Sojasauce
1 EL Chinkiang-Essig (schwarzer Reisessig)
2 TL Sambal Oelek, Sriracha-Sauce oder andere Chilisauce

Hähnchenfleisch von überschüssigem Fett befreien und in mundgerechte Stücke schneiden.

Für die Marinade die Sojasauce in einer flachen Glasschale oder einem Gefrierbeutel mit Reiswein, Knoblauch, Ingwer und Fünf-Gewürze-Pulver vermengen. Das Fleisch zur Marinade geben und gründlich darin wenden. Mindestens 1 Stunde oder über Nacht im Kühlschrank marinieren.

Das Hähnchenfleisch abtropfen lassen und die Marinade weggießen.

Für das Szechuan-Chili-Salz die Pfefferkörner in einer kleinen Pfanne trocken rösten, dann im Mörser oder in der Gewürzmühle grob zerkleinern. Mit Chiliflocken und Salz vermengen und beiseitestellen.

Alle Zutaten für den Dip in einer kleinen Schüssel verrühren und beiseitestellen.

Reismehl oder Maisstärke auf einen Teller streuen und die Hähnchenstücke darin wenden, bis sie rundum davon überzogen sind. Den Überschuss abschütteln und das Fleisch auf einen Teller legen.

Das Öl in einem Wok oder einem mittelgroßen Topf auf 180–190 °C erhitzen – ein kleiner Brotwürfel sollte darin sofort zu sieden beginnen. Das Öl darf nicht zu heiß werden, weil das Fleisch sonst zu schnell bräunt. Das Fleisch in mehreren Portionen zu jeweils 8 oder 9 Stücken goldbraun frittieren. Auf Küchenpapier abtropfen lassen. Die Basilikumblätter 30 Sekunden knusprig frittieren, ebenfalls abtropfen lassen.

Das Hähnchen in einer Servierschale anrichten, mit Basilikumblättern garnieren und mit Szechuan-Chili-Salz bestreuen. Mit dem Dip servieren.

Tataki ist beinahe noch rohes Fleisch, das nur sehr kurz scharf angebraten und dann dünn aufgeschnitten wird. Damit es nicht auseinanderfällt, wird das Fleisch nach dem Anbraten in Frischhaltefolie eingeschlagen und vor dem Aufschneiden gekühlt. Die Knoblauch-Chips sind sicher ein Highlight, aber wenn die Zeit drängt, genügt als Würze auch das Dressing.

TATAKI VOM RIND MIT KNOBLAUCH-CHIPS UND PONZU-ZWIEBEL-DRESSING

FÜR 4 PERSONEN
VORBEREITUNG: 20 MINUTEN
PLUS 2 STUNDEN KÜHLEN
ZUBEREITUNG: 5 MINUTEN

300 g Rinderfilet
Meersalz
schwarzer Pfeffer, frisch gemahlen
1 EL Pflanzenöl
1 EL gehackter Schnittlauch

PONZU-ZWIEBEL-DRESSING
2 TL helle japanische Sojasauce
2 EL Schalotten, fein gewürfelt
45 ml Yuzu-Saft
1 EL Zucker
2 TL frischer Ingwer, gerieben

KNOBLAUCH-CHIPS
3 Knoblauchzehen
125 ml Pflanzenöl
Meersalz

Das Rinderfilet der Länge nach halbieren und großzügig mit reichlich Salz und Pfeffer würzen. Das Pflanzenöl in einer Pfanne erhitzen und das Fleisch in 2–3 Minuten rundum bräunen. Aus der Pfanne nehmen und einige Minuten ruhen lassen. Dann fest in Frischhaltefolie wickeln und mindestens 2 Stunden oder bis zu 24 Stunden kalt stellen.

Alle Zutaten für das Ponzu-Zwiebel-Dressing in einer kleinen Schüssel miteinander verrühren und beiseitestellen.

Für die Knoblauch-Chips die Knoblauchzehen abziehen, dann mit dem Gemüsehobel oder einem scharfen Messer in dünne Scheiben schneiden. Öl und Knoblauch kalt in eine kleine Pfanne geben und den Knoblauch bei mittlerer bis schwacher Hitze langsam knusprig braten. Mit einem Schaumlöffel aus dem Öl heben und auf Küchenpapier abtropfen lassen. Mit Salz bestreuen. Man kann die Chips auch einen Tag im Voraus zubereiten und luftdicht verpackt auf einem Blatt Backpapier aufbewahren.

Das Fleisch dünn aufschneiden, auf einem Teller anrichten und mit dem Dressing übergießen. Vor dem Servieren mit Knoblauch-Chips und Schnittlauch garnieren.

TIPPS

Knoblauchzehen mit grünem Keim im Inneren eignen sich nicht, da sie sehr bitter sind.

Auch wenn es seltsam erscheinen mag: Das Öl wird hier nicht erhitzt, bevor der Knoblauch in die Pfanne kommt. So wird er schön knusprig und gart gleichmäßig durch.

PICKLES

GELBER EINGELEGTER RETTICH

FÜR 4 PERSONEN
VORBEREITUNG: 10 MINUTEN
ZUBEREITUNG: 5 MINUTEN

In Essig eingelegtes Gemüse passt zu nahezu jedem asiatischen Gericht. Die Säure bildet ein schönes Gegengewicht zu salziger Sojasauce und scharfen Gewürzen, und Pickles runden Suppen, Gebratenes und Grillgerichte wunderbar ab. Diese knackigen, in milde Essiglake eingelegten Rettichscheiben bringen obendrein Farbe in jedes Gericht.

250 g Mooli (weißer Rettich), geschält
1 EL Meersalz
100 ml Reisessig
½ TL Kurkuma, gemahlen
50 g Zucker

Den Rettich in 5 mm dicke Scheiben schneiden.
100 ml Wasser in einem mittelgroßen Topf mit Salz, Reisessig, Kurkuma und Zucker zum Kochen bringen. Den Rettich hineingeben und den Topf vom Herd nehmen. Den Rettich in der Flüssigkeit auf Zimmertemperatur abkühlen lassen, dann alles in ein sterilisiertes Schraubglas oder einen verschließbaren Behälter füllen.

TIPP
Für eine rosa Variante den Rettich in Stifte schneiden, die Kurkuma weglassen und stattdessen 3 Scheiben rohe oder gekochte Rote Bete mit ins Glas geben.

JAPANISCHE EINGELEGTE MÖHREN

FÜR 4 PERSONEN
VORBEREITUNG: 10 MINUTEN
ZUBEREITUNG: 5 MINUTEN

Nach diesem Rezept können Sie auch jedes andere feste Gemüse verarbeiten, wie grüne Bohnen, Rote Bete oder blanchierten Blumenkohl. Das Gemüse muss nicht vorab gesalzen werden und kommt sofort in die Essiglake.

3 Möhren (300 g)
250 ml Reisessig
2 Scheiben frischer Ingwer
1 TL Koriandersamen
1 TL rote Chiliflocken
1 EL Meersalz
50 g Zucker

Die Möhren in 1,5 cm dicke Stifte schneiden.
Den Reisessig in einem mittelgroßen Topf mit Ingwer, Koriandersamen, Chiliflocken, Salz und Zucker zum Kochen bringen, dann die Möhren hinzugeben. Den Topf vom Herd nehmen. Das Gemüse in der Flüssigkeit vollständig abkühlen lassen, dann alles in ein sterilisiertes Schraubglas oder einen verschließbaren Behälter füllen und im Kühlschrank aufbewahren.

SCHNELLES KOREANISCHES GURKENPICKLE

FÜR 4 PERSONEN
VORBEREITUNG: 10 MINUTEN

Wenn die Zeit für selbst gemachtes Kimchi gerade nicht reicht, probieren Sie doch einfach einmal dieses ultraschnelle Gurkenpickle (Foto siehe Seite 140).

3 kleine Salatgurken
1 EL weiße Sesamsamen, geröstet
1 TL Sesamöl
1 EL Zucker
1 EL helle Sojasauce
1 EL Gochugaru (koreanische Chiliflocken) oder 2 TL rote Chiliflocken
1 EL Reisessig

Die Gurken in 1 cm dicke Scheiben schneiden.
   Die Sesamsamen im Mörser grob zerstoßen. Die Gurken in einer Schüssel mit dem Sesam und den übrigen Zutaten vermengen und sofort servieren.

CHINESISCHE GURKEN

FÜR 4 PERSONEN
VORBEREITUNG: 5 MINUTEN

Dieses schnelle Pickle passt perfekt zu Grillfleisch, Schweinebraten oder Pfannengerührtem.

3 kleine Salatgurken
3 TL fein gehackter Knoblauch
1 EL Zucker
1 EL helle Sojasauce
1 EL Chinkiang-Essig (schwarzer Reisessig)
1 EL geröstete Chiliflocken in Öl

Die Gurken mit einer Teigrolle in Stücke schlagen. (Man kann die Gurken auch längs halbieren und mit den Händen in Stücke brechen.)
   Die übrigen Zutaten in einer mittelgroßen Schüssel miteinander verrühren und die Gurken vorsichtig darin wenden. Binnen 1 Stunde nach Zubereitung servieren.

EINGELEGTE ROTE CHILIS UND SCHALOTTEN

FÜR 4 PERSONEN
VORBEREITUNG: 5 MINUTEN PLUS 1 STUNDE ZIEHEN

Ich mag diese Chilis und Schalotten vor allem zu südostasiatischen Suppen und Eintöpfen.

2 lange rote Chilischoten, in Ringe geschnitten
6 kleine Schalotten, geviertelt
45 ml Reisessig
1 TL Meersalz
1 TL Zucker

Alle Zutaten in einer kleinen Schüssel gründlich vermengen, um Zucker und Salz aufzulösen. Vor dem Servieren 1 Stunde ziehen lassen. Reste halten sich in einem Schraubglas im Kühlschrank bis zu 1 Woche.

EINGELEGTE GURKEN MIT INGWER

FÜR 4 PERSONEN
VORBEREITUNG: 5 MINUTEN PLUS 30 MINUTEN ZIEHEN
UND 3 STUNDEN MARINIEREN

Ein kleines saures Element ist ein wichtiger Bestandteil praktisch jeder asiatischen Mahlzeit. Leckere Pickles müssen nicht immer tagelang reifen, es geht auch schneller. Verwenden Sie die Chilischote nur, wenn es etwas schärfer sein darf.

300 g kleine Salatgurken
1 EL Meersalz
2 TL helle Sojasauce
75 ml Reisessig
3 EL Zucker
1 Stück frischer Ingwer (3 cm), in dünne Stifte geschnitten
1 daumenlange rote Chilischote, in Ringe geschnitten (nach Belieben)

Die Gurken in 2 cm dicke Scheiben schneiden, in ein Sieb geben und salzen. 30 Minuten Wasser ziehen lassen, dann abspülen und mit einem Küchentuch sorgfältig trocken tupfen.
    Die übrigen Zutaten in eine Schüssel mit Deckel geben. Die Gurken hinzufügen und alles gut vermischen. Abdecken und vor dem Servieren mindestens 3 Stunden kalt stellen.

SCHNELLES KIMCHI

ERGIBT 500 G KIMCHI
VORBEREITUNG: 15 MINUTEN PLUS 1 STUNDE ZIEHEN
UND 1 TAG MARINIEREN

In Korea kann man kleine Kühlschränke für sein Kimchi kaufen, damit der Geruch nicht alle Lebensmittel durchdringt. Diese frische Version wird mit Fischsauce anstelle der getrockneten Garnelen für die Gärung zubereitet, deshalb hat der Geruch nicht ganz so viel „Persönlichkeit".

1 kleiner Chinakohl (geputzt 700 g)
2 EL Meersalz
10 Knoblauchzehen
1 Stück Ananas, Birne oder Apfel (5 cm)
1 Stück frischer Ingwer (5 cm)
75 g Zucker
1½ EL Fischsauce
1½ EL helle Sojasauce
30 g Gochugaru (koreanische Chiliflocken)
150 g Möhren, in feine Streifen geschnitten

Den Chinakohl halbieren und vom Strunk befreien, dann in 6 cm dicke Stücke schneiden. Mit 1 l Wasser und dem Meersalz in einen Topf geben. 1 Stunde oder abgedeckt über Nacht ziehen lassen. Das Gemüse abspülen und abtropfen lassen.
    Den Knoblauch in der Küchenmaschine zusammen mit dem Obst, Ingwer, Zucker, Fischsauce, Sojasauce, Chiliflocken und 2 Esslöffel Wasser pürieren. Chinakohl und Möhren in einen verschließbaren Behälter legen und mit der Sauce übergießen. Mit den Händen alles gut vermengen, damit die Sauce auch wirklich überall hingelangt.
    Mindestens 24 Stunden oder bis zu 2 Wochen kalt stellen. Das Kimchi ist nach 1 Tag servierfertig und wird mit der Zeit immer besser.

SUPPEN & NUDELN

In der malaysischen Küche mischen sich chinesische, thailändische und indische Einflüsse. Currys und Nudelgerichte voller exotischer Gewürze, cremiger Kokosnuss und scharfer Chilis stehen hier hoch im Kurs. Laksa basiert auf einer Art roten Currypaste mit Kemirinüssen. Sie sind hier schwer zu finden, deshalb nehme ich hier Macadamianüsse.

LAKSA MIT GARNELEN

FÜR 4 PERSONEN ALS VORSPEISE
ODER FÜR 2 ALS HAUPTGERICHT
VORBEREITUNG: 15 MINUTEN
ZUBEREITUNG: 20 MINUTEN

6 Macadamianusskerne
1 EL Pflanzenöl
75 g gelbe oder rote Currypaste
250 ml Hühnerbrühe
1 Dose Kokosmilch (400 g)
2 Sternanis
2 Zimtstangen
3 EL Tamarindenpaste
2 EL Palmzucker
2 EL Fischsauce
2 EL Limettensaft
150 g grüne Bohnen, klein geschnitten
200 g große rohe Garnelen, geschält
200 g dünne Glasnudeln
100 g Ananas
je 1 große Handvoll Koriander- und
    Minzeblätter, gehackt

Eingelegte rote Chilis und Schalotten
    (siehe Seite 52) und knusprig
    gebratene Schalotten zum Servieren

Die Macadamianüsse im Mörser zu einer feinen Paste zerstoßen.

Das Pflanzenöl in einem großen Topf erhitzen, dann Nusspaste und Currypaste einrühren. Die Temperatur auf schwache Hitze reduzieren und etwa 5 Minuten unter Rühren anrösten. Brühe, Kokosmilch, Gewürze, Tamarindenpaste, Palmzucker, Fischsauce und Limettensaft einrühren. Alles noch 10 Minuten köcheln lassen, dann Bohnen und Garnelen hinzugeben. Weitere 2–3 Minuten köcheln lassen, dann das Laksa vom Herd nehmen.

Die Glasnudeln mit kochendem Wasser übergießen und 2 Minuten einweichen.

Die Ananas in 2 cm große Stücke schneiden.

Die Nudeln abgießen, auf Schalen verteilen und das Laksa darübergeben. Mit Ananas, gehacktem Koriander und Minze bestreuen. Mit Eingelegten Chilis und Schalotten sowie knusprig gebratenen Schalotten servieren.

TIPP

Bei dieser Suppe kommt es auf eine gute Brühe an, es lohnt sich also, einen Topf asiatische Hühnerbrühe (siehe Seite 77) anzusetzen. Wenn die Zeit drängt, können Sie einen Schnellkochtopf verwenden – dann dauert die Zubereitung nur etwa 20 Minuten statt der üblichen mindestens 2 Stunden. Falls Sie gekaufte Hühnerbrühe verwenden, sollten Sie auf gute Qualität achten.

Sie können dieses klassische taiwanische Gericht im Schnellkochtopf zubereiten oder Sie nehmen sich am Wochenende etwas Zeit und kommen dann auch in den Genuss all der wundervollen Düfte. Die fermentierte Bohnenpaste Toban Djan gibt einen schönen würzig-salzigen Kick. Sie bekommen sie online oder im Asia-Laden.

TAIWANISCHE RINDER-NUDEL-SUPPE

FÜR 4 PERSONEN
VORBEREITUNG: 20 MINUTEN
ZUBEREITUNG: 2 STUNDEN

900 g Beinscheibe vom Rind
2 EL Pflanzenöl
5 Knoblauchzehen, in Scheiben geschnitten
2 Zwiebeln, geviertelt
1 Stück frischer Ingwer (4 cm), gehackt
1 TL Szechuan-Pfefferkörner
1 TL Fenchelsamen
3 Sternanis
1 EL rote Chiliflocken
2 EL Toban Djan (Chili-Bohnen-Paste)
1 EL Chinkiang-Essig (schwarzer Reisessig)
1 EL Rohrohrzucker
4 Tomaten, in Stücke geschnitten
125 ml helle Sojasauce
125 ml Shaoxing-Reiswein
250 g chinesische Eiernudeln
4 kleine Pak Choi, halbiert, oder chinesischer Brokkoli (Gai Larn), in Stücke geschnitten

gehackte Frühlingszwiebeln zum Servieren

Das Fleisch in 4 cm große Würfel schneiden. Das Pflanzenöl in einem großen Topf mit Deckel erhitzen. Das Fleisch darin anbräunen, dann Knoblauch, Zwiebeln und Ingwer hinzugeben und alles 5 Minuten garen.

Die Pfefferkörner und die Fenchelsamen im Mörser oder in der Gewürzmühle grob zerkleinern, dann mit Sternanis, Chiliflocken, Bohnenpaste, Essig, Zucker, Tomaten, Sojasauce und Reiswein zum Fleisch geben. Etwa 1 l Wasser hinzugießen, sodass das Fleisch 3 cm hoch mit Wasser bedeckt ist.

Den Deckel auflegen und die Suppe 1½–2 Stunden bei schwächster Hitze köcheln lassen. Alle 20–30 Minuten umrühren, damit nichts ansetzt. Die Suppe ist fertig, sobald das Fleisch so zart ist, dass es auseinanderzufallen beginnt. Man kann die Suppe auch im Schnellkochtopf zubereiten; das dauert 30 Minuten bei starker Hitze. Es geht aber auch im Slow Cooker: auf niedrigster Stufe 8 Stunden oder auf hoher Stufe 4 Stunden garen. Und auch der Backofen ist geeignet: Auf 170 °C (150 °C Umluft) vorheizen und den Suppentopf für 2 Stunden in den Ofen schieben.

Die Nudeln in ausreichend Salzwasser bissfest garen und in der letzten Minute das Gemüse mit in den Topf geben. Abgießen und auf Suppenschalen verteilen.

Nudeln und Gemüse mit Brühe übergießen und das Fleisch darauf anrichten. Vor dem Servieren mit Frühlingszwiebeln bestreuen.

Wenn man das erste Mal ins heiß-feuchte Vietnam reist, ist Suppe das Letzte, wonach einem der Sinn steht. Man lernt aber schnell die Klassiker wie Pho schätzen, die überraschenderweise erfrischend wirken. Diese Suppe ist der traditionellen Canh Chua Tom nachempfunden, allerdings als Variante mit Fleischbällchen statt Garnelen. Traditionell reicht man den Reis separat dazu, ich gebe ihn aber direkt in meine Suppe.

SAURE REISSUPPE MIT SCHWEINEFLEISCHBÄLLCHEN, ANANAS UND KNUSPRIGEM KNOBLAUCH

FÜR 4 PERSONEN
VORBEREITUNG: 10 MINUTEN
ZUBEREITUNG: 20 MINUTEN

- 250 g Duft- oder Basmatireis
- 4 Stängel Zitronengras
- 4 Knoblauchzehen, in dünne Scheiben geschnitten
- 2 EL Pflanzenöl
- 1 Stück frischer Ingwer (3 cm), in feine Streifen geschnitten
- 2 EL Tamarindenpaste
- 45 ml Fischsauce
- 1 EL Palm- oder Rohrohrzucker
- 4 reife Tomaten, entkernt und gewürfelt
- 250 g kleine Schweinefleischbällchen (siehe Tipp)
- 700 ml Rinderbrühe
- 200 g Ananas
- 5 Kaffirlimettenblätter (nach Belieben)
- 1 kleine Handvoll Dill-, Koriander- und Thai-Basilikumblätter
- 1 daumenlange rote Chilischote, in dünne Ringe geschnitten

Limettenspalten zum Servieren

Den Reis in etwa 8 Minuten bissfest kochen, dann in ein Sieb abgießen, unter fließend kaltem Wasser abspülen und beiseitestellen.

In der Zwischenzeit die holzigen Enden vom Zitronengras abschneiden und die Stängel mit der Teigrolle faserig klopfen. Äußere Schichten entfernen und das Innere beiseitestellen.

Den Knoblauch zusammen mit dem Pflanzenöl in eine Pfanne geben. Bei niedriger Temperatur langsam erhitzen, bis der Knoblauch goldgelb ist, dann aus der Pfanne heben, auf Küchenpapier abtropfen lassen und beiseitestellen.

Den Ingwer und das Zitronengras in die Pfanne geben und 3–4 Minuten anbraten. Tamarindenpaste, Fischsauce und Zucker hinzugeben und rühren, bis sich der Zucker aufgelöst hat. Tomaten, rohe Fleischbällchen und Brühe hinzugeben. Alles bei mittlerer Hitze 10 Minuten köcheln lassen.

In der Zwischenzeit die Ananas in 3 cm große Würfel schneiden. Kurz vor dem Servieren zusammen mit den Kaffirlimettenblättern (wenn verwendet) in die Suppe geben und 3 Minuten durchwärmen.

Die Suppe auf Portionsschalen verteilen und je 1 großen Löffel Reis und knusprigen Knoblauch hinzugeben. Mit den frischen Kräutern und Chiliringen bestreuen und mit Limettenspalten servieren.

TIPPS

Bei dieser Suppe kommt es auf eine gute Brühe an, es lohnt sich also, einen Topf Asiatische Hühnerbrühe (siehe Seite 77) anzusetzen. Wenn die Zeit drängt, können Sie einen Schnellkochtopf verwenden – dann dauert die Zubereitung nur etwa 20 Minuten statt der üblichen mindestens 2 Stunden. Falls Sie gekaufte Hühnerbrühe verwenden, sollten Sie auf gute Qualität achten. Auch ein guter Krustentierfond kommt hier infrage.

Ein Rezept für Fleischbällchen finden Sie auf Seite 178, aber verwenden Sie in diesem Fall Schweine- statt Hähnchenfleisch.

Hanoi ist die spirituelle Heimat der Pho. Nahezu jede Straße der Stadt ist von Restaurants und Ständen gesäumt, die diese fantastische Suppe servieren. Am beliebtesten ist Rindfleisch-Pho, die aber ihre Zeit braucht. Hühner-Pho ist schneller zubereitet (erst recht im Schnellkochtopf) und schmeckt auch frischer. Servieren Sie die Suppe in großen Schalen, garniert mit Kräutern, Sriracha-Sauce, Limetten und Pickles.

HÜHNER-PHO

FÜR 4 PERSONEN
VORBEREITUNG: 20 MINUTEN
ZUBEREITUNG: 45 MINUTEN

1 l Asiatische Hühnerbrühe und das ausgelöste Fleisch (siehe Seite 77 und Tipp)
Meersalz
1 Stück frischer Ingwer (5 cm) mit Schale, längs halbiert
1 Zwiebel mit Schale, halbiert
1 Zimtstange
3 Sternanis
6 Gewürznelken
60 ml Fischsauce
2 EL Palmzucker
250 g Glasnudeln
2 große Handvoll Bohnensprossen
je 1 große Handvoll Thai-Basilikum, Koriander und Minze
Eingelegte rote Chilis und Schalotten (siehe Seite 52)

Sriracha-Sauce oder andere scharfe Chilisauce und Limettenspalten zum Servieren

Die Hühnerbrühe in einem Topf zum Köcheln bringen, falls nötig, nachsalzen. Das Fleisch in mundgerechte Stücke teilen.

Den Backofengrill vorheizen. Ingwer und Zwiebel auf ein mit Alufolie ausgelegtes Backblech legen und 7–10 Minuten grillen, bis sie von außen geschwärzt sind. Ingwer und Zwiebel zusammen mit Zimt, Sternanis, Nelken, Fischsauce und Palmzucker in die Brühe geben. 30 Minuten köcheln lassen, damit sich die Aromen entfalten können. Die Brühe durch ein feines Sieb gießen, Zwiebel, Ingwer und Gewürze wegwerfen.

In einem Topf Wasser zum Kochen bringen und die Nudeln darin 1 Minute garen, dann abgießen und auf Suppenschalen verteilen.

Das Hähnchenfleisch in die Schalen geben und mit der heißen Brühe aufgießen. Mit Bohnensprossen, frischen Kräutern, den eingelegten Chilischoten und Schalotten garnieren und mit Sriracha-Sauce und Limettenspalten servieren.

TIPP

Bereiten Sie die Brühe wie auf Seite 77 beschrieben mit 4 Hähnchenkeulen zu und lassen Sie die getrockneten Pilze weg. Sie können auch eine gute gekaufte Brühe nehmen und die Keulen darin garen.

Jede Region Japans hat ihre eigene Art von Ramen, einer gehaltvollen Nudelsuppe. Sapporo im Norden Hokkaidos, ist für pikanten Miso-Ramen berühmt, während man in Fukuoka im Süden auf den legendären Tonkotsu-Ramen stolz ist. Für den Neuling ist Shoyu-Ramen am einfachsten zuzubereiten. Ich verwende gern Hühnerbrühe und gebratenes Schweinefleisch (Chashu) – das gefällt mir besser, als die Suppe 24 Stunden zu köcheln und dabei das Haus in eine asiatische Suppenküche zu verwandeln.

SHOYU-RAMEN MIT SCHWEINEFLEISCH, WEICH GEKOCHTEM EI UND BLATTGEMÜSE

FÜR 4 PERSONEN
VORBEREITUNG: 30 MINUTEN
ZUBEREITUNG: 2–4 STUNDEN

900 g Schweinebauch ohne Schwarte
Meersalz
schwarzer Pfeffer, frisch gemahlen
1 EL Pflanzenöl
1 l Hühnerbrühe
2 Eier
250 g getrocknete oder 400 g frische Ramennudeln
2 große Handvoll Blattgemüse, gehackt
75 g Bambussprossen
4 Frühlingszwiebeln, fein gehackt

SHOYU TARE
1 Scheibe Frühstücksspeck
2 Scheiben Ingwer
1 EL Mirin
1 EL Sake
60 ml helle japanische Sojasauce

Shichimi Togarashi, geröstete Sesamsamen, Noristreifen, geröstete grüne Chilischoten, Yuzu Kosho, Yuzu- oder Limettensaft zum Servieren (nach Belieben)

Den Schweinebauch aufrollen und mit Küchengarn binden. Mit Meersalz und Pfeffer einreiben. Das Pflanzenöl in einer großen Pfanne erhitzen und das Fleisch rundum anbraten.

Die Brühe in einem großen Topf erhitzen und das Fleisch darin bei schwacher Hitze 1½–2 Stunden simmern lassen. Zum Ende der Garzeit mit einer Messerspitze prüfen, ob das Fleisch zart ist. Auf einen Teller heben, mit Alufolie abdecken und ruhen lassen. Die Brühe warm halten.

In der Zwischenzeit das Shoyu Tare zubereiten: Speck und Ingwer in einem kleinen Topf erhitzen, bis der Speck knusprig ist, dann die übrigen Zutaten hinzugeben. Alles 5 Minuten köcheln lassen, dann Speck und Ingwer herausnehmen. Das Shoyu Tare beiseitestellen.

Wasser in einem Topf zum Kochen bringen und die Eier darin 6 Minuten kochen, dann herausheben und in eiskaltem Wasser abschrecken.

Die Nudeln in ausreichend Wasser in 3–4 Minuten bissfest kochen. Dabei rühren, damit sie nicht zusammenkleben. In der letzten Minute das Gemüse hinzugeben. Nudeln und Gemüse in ein Sieb abgießen, dann auf Suppenschalen verteilen.

Das Fleisch aufschneiden und 3 oder 4 Scheiben in jede Schale geben, mit Shoyu Tare beträufeln. Mit der Brühe aufgießen und mit Bambussprossen garnieren. Die Eier schälen, längs halbieren und mit den Frühlingszwiebeln auf den Nudeln anrichten.

Sofort servieren, dazu Shichimi Togarashi, Sesamsamen, Noristreifen, geröstete grüne Chilischoten, Yuzu Kosho, Yuzu- oder Limettensaft bereitstellen, sodass sich jeder davon bedienen kann.

TIPP

Bei dieser Suppe kommt es auf eine gute Brühe an, es lohnt sich also, einen Topf Asiatische Hühnerbrühe (siehe Seite 77) anzusetzen. Wenn die Zeit drängt, können Sie einen Schnellkochtopf verwenden – dann dauert die Zubereitung nur etwa 20 Minuten statt der üblichen mindestens 2 Stunden. Falls Sie gekaufte Hühnerbrühe verwenden, sollten Sie auf gute Qualität achten.

RAMENOLOGIE

1 Die Brühe auswählen:
SCHWEIN, HUHN, FISCH, GEMÜSE

2 Tare-Würze wählen:
SHIO (SALZ), SHOYU (SOJASAUCE), MISO

3 Gekochte Ramennudeln hinzugeben:
FRISCH, GEFROREN, GETROCKNET

4 Eiweiß hinzufügen:
SCHWEINEBAUCH, SCHWEINEHACK, HÄHNCHEN, WEICH GEKOCHTES EI, GARNELEN, KREBSE, FISCHKÜCHLEIN

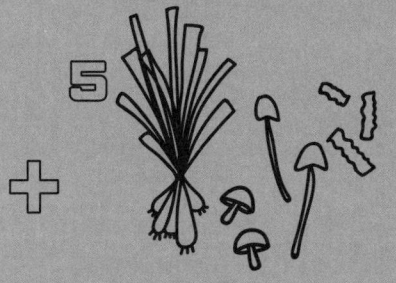

5 Dazu:
NORISTREIFEN, FRÜHLINGSZWIEBELN, BAMBUSSPROSSEN, SPINAT, BLATTGEMÜSE, WIRSING, PAK CHOI, EINGELEGTE SHIITAKE UND CHILIS

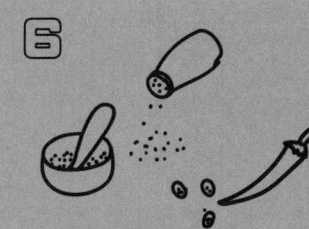

6 Oben drüber:
CHILIPASTE, SESAMSAMEN, FURIKAKE-GEWÜRZMISCHUNG, SHICHIMI TOGARASHI

= **SCHÖNE GROSSE SCHALE RAMEN**

RAMEN-ETIKETTE

Beim Essen über die Schale beugen.

Die Nudeln mit Löffel und Stäbchen zuerst essen.

Lautstark schlürfen.

Zuletzt die Brühe direkt aus der Schale trinken!

SUPPE & NUDELN

Dieses Rezept beruht auf einem beliebten Streetfood-Gericht aus Szechuan namens Dandan Mian. Hier kommen gemahlene Sesamsamen, Chilipaste und einer Reihe weiterer Zutaten auf Sojabasis zum Einsatz. Traditionell verwendet man Schweinehack, ich bevorzuge allerdings Hähnchenfleisch, da es der Suppe einen herrlich leichten Geschmack verleiht.

TANTANMEN-RAMEN MIT PIKANTEM MISO-HÜHNCHEN

FÜR 4 PERSONEN
VORBEREITUNG: 10 MINUTEN
ZUBEREITUNG: 20 MINUTEN

1 l Hühnerbrühe
250 g Hähnchenoberschenkel ohne Knochen
1 EL Sesamöl
2 Knoblauchzehen, fein gehackt
1 Stück frischer Ingwer (3 cm), gehackt
1 EL Sesamsamen, geröstet
3 EL Miso
60 ml Mirin (japanischer Reiswein)
2 EL helle japanische Sojasauce
1 EL scharfe Chilisauce
200 g Blattgemüse, gehackt
2 Eier
250 g getrocknete oder 400 g frische Ramennudeln
40 g Bambussprossen

Noristreifen, Furikake-Gewürzmischung, geröstete Sesamsamen, Yuzu- oder Limettensaft zum Servieren (nach Belieben)

Die Brühe in einem Topf erhitzen und schwach köcheln lassen.

Das Hähnchenfleisch im Mixer fein hacken.

Das Sesamöl in einer großen Pfanne erhitzen, den Knoblauch und den Ingwer darin in 4 Minuten goldgelb anbraten. Das Hähnchenhack hinzugeben und 5 Minuten bräunen.

Die Sesamsamen fein mahlen und in einer kleinen Schale mit Miso, Mirin, Sojasauce und Chilisauce verrühren. Zum Hackfleisch geben, gut verrühren und beiseitestellen.

Wasser in einem großen Topf zum Kochen bringen, das Gemüse darin 30 Sekunden blanchieren und dann herausheben. Unter kaltem Wasser abschrecken und beiseitestellen. Im gleichen Wasser die Eier 6 Minuten garen, dann herausheben und in eiskaltem Wasser abschrecken.

Die Nudeln in demselben Topf in 3–4 Minuten bissfest garen. Dabei rühren, damit sie nicht zusammenkleben. Abgießen und auf Suppenschalen verteilen. Das Gemüse darübergeben.

Das gebratene und gewürzte Hähnchenhack hinzugeben. Mit Brühe aufgießen und mit den Bambussprossen garnieren. Die Eier schälen, längs halbieren und auf den Nudeln anrichten.

Dazu Noristreifen, Furikake-Gewürzmischung, Sesamsamen und Yuzu- oder Limettensaft bereitstellen, damit sich jeder selbst bedienen kann.

TIPP

Bei dieser Suppe kommt es auf eine gute Brühe an, es lohnt sich also, einen Topf Asiatische Hühnerbrühe (siehe Seite 77) anzusetzen. Wenn die Zeit drängt, können Sie einen Schnellkochtopf verwenden – dann dauert die Zubereitung nur etwa 20 Minuten statt der üblichen mindestens 2 Stunden. Falls Sie gekaufte Hühnerbrühe verwenden, sollten Sie auf gute Qualität achten.

Die Brühe ist die Seele jedes Ramen-Gerichts, wenn sie nicht gelingt, schmeckt es einfach nicht. Ich liebe Hühnerbrühe, aber es ist auch gut, eine vegetarische Alternative zu haben. Damit sie viel Aroma und eine kräftige Umaminote bekommt, gebe ich getrocknete Shiitakepilze, Ofengemüse und Kombu hinein. Ebenso wichtig ist Tare, die typische Würzsauce, hier mit Chili, Miso und Zitrussaft.

RAMEN VEGETARISCH MIT MAISKÖLBCHEN UND EINGELEGTEN SHIITAKEPILZEN

FÜR 4 PERSONEN
VORBEREITUNG: 15 MINUTEN
ZUBEREITUNG: 15 MINUTEN

- 1,2 l Vegetarische Pilzbrühe (siehe Seite 78)
- 2 EL Reisessig
- 1 Prise Meersalz
- 150 g Sprossenbrokkoli (Bimi)
- 2 Eier
- 100 g Baby-Maiskölbchen
- 250 g getrocknete oder 400 g frische Ramennudeln
- 2 große Möhren, in feine Stifte geschnitten
- 75 g Bambussprossen
- 4 Frühlingszwiebeln, gehackt

MISO-CHILI-TARE
- 60 ml Mirin
- 45 ml Sake
- 100 g Miso
- 1 EL Yuzu- oder Limettensaft
- 2 Knoblauchzehen, gerieben
- 2 TL Sriracha-Sauce oder andere scharfe Chilisauce
- 1 TL frischer Ingwer, gerieben

Shichimi Togarashi, Noristreifen, Yuzu- oder Limettensaft zum Servieren (nach Belieben)

Die Brühe zubereiten, durch ein Sieb gießen und die Pilze herausfischen. Die übrigen festen Bestandteile wegwerfen, die Pilze in Scheiben schneiden und mit dem Reisessig und dem Salz in eine kleine Schale geben.

Die Zutaten für das Miso-Chili-Tare in einer kleinen Schüssel miteinander verrühren und beiseitestellen.

Den Brokkoli in 5–7,5 cm große Stücke schneiden.

Wasser in einem Topf zum Kochen bringen und die Eier darin 6 Minuten kochen, dann herausheben und in eiskaltem Wasser abschrecken. Schälen und beiseitestellen. In demselben Wasser die Maiskölbchen und den Brokkoli 1 Minute blanchieren. Herausheben und unter kaltem Wasser abschrecken.

Die Brühe zum Kochen bringen und das Miso-Chili-Tare einrühren.

Die Nudeln in ausreichend Salzwasser in 3 Minuten bissfest kochen. Dabei rühren, damit sie nicht zusammenkleben. Abgießen, auf Suppenschalen verteilen und mit Brühe aufgießen.

Brokkoli, Maiskölbchen, Möhren, Bambussprossen, je ½ Ei und die Pilze auf den Nudeln anrichten.

Dazu Shichimi Togarashi, Noristreifen und Yuzu Kosho, Yuzu- oder Limettensaft bereitstellen, damit sich jeder davon bedienen kann.

TIPP

Die japanischen Ramennudeln mit ihrem charakteristischen Biss sind ein unverzichtbarer Bestandteil dieses Gerichts. Man bekommt sie in Asia-Läden und online. Vorgekochte oder Fertignudeln aus der Packung sind nicht zu empfehlen – sie sind in der Regel nicht von hoher Qualität und zu weich.

Udonnudeln sind genauso einfach selber zu machen wie italienische Pasta. Ich knete den Teig in der Küchenmaschine, was die Sache sehr vereinfacht. Der fertige Teig lässt sich kurze Zeit im Kühlschrank aufbewahren oder für eine spätere Verwendung einfrieren. Die Nudeln schmecken in einer Misosuppe, eignen sich aber auch für Yaki Udon (siehe Seite 209) oder zu einem Gemüse-Miso-Curry (siehe Seite 164).

SELBST GEMACHTE UDONNUDELN

ERGIBT 450 G
VORBEREITUNG: 30 MINUTEN PLUS 3–4 STUNDEN RUHEN
ZUBEREITUNG: 5 MINUTEN

1 EL Meersalz
250 ml warmes Wasser
450 g Weizenmehl Type 450, plus Mehl zum Bestreuen

Zunächst das Salz in dem Wasser auflösen. Das Mehl in die Rührschüssel der Küchenmaschine geben, den Knethaken einsetzen. Bei niedriger Geschwindigkeit das Wasser hinzugießen und 8–10 Minuten kneten, bis der Teig weich und glatt ist. Falls der Teig sehr feucht ist und am Schüsselboden klebt, noch 1 Esslöffel Mehl hinzugeben.

Wer keine Küchenmaschine hat, häuft das Mehl auf die Arbeitsfläche. Eine Mulde in die Mitte drücken und das Wasser hineingießen. Nach und nach Mehl und Wasser zu einem Teig vermengen, dann 8–10 Minuten mit der Hand kneten.

Den Teig in einen Gefrierbeutel geben oder in einer Schüssel mit Frischhaltefolie abdecken und 3–4 Stunden bei Zimmertemperatur ruhen lassen.

Mit dem Finger eine Delle in den Teig drücken. Wenn er zurückfedert, braucht er noch 1 Stunde. Bleibt die Delle sichtbar, ist er gebrauchsfertig. Man kann den Teig auch abgedeckt 1 Tag im Kühlschrank aufbewahren. Vor dem Ausrollen sollte er aber wieder Zimmertemperatur haben.

Den Teig in 4 Portionen teilen und jede mit der Teigrolle zu einem 5 mm dicken Rechteck ausrollen. Von beiden Seiten mit Mehl bestäuben, damit der Teig nicht festklebt, dann mit einem scharfen Messer in 5 mm breite Streifen schneiden. Jeweils 10 Streifen auf der bemehlten Arbeitsfläche zu einem Nest drehen. Mit weiterem Mehl bestäuben und bis zur weiteren Verwendung mit einem Küchentuch abdecken.

TIPP

Sollen die Nudelnester nicht sofort zubereitet werden, kann man sie auf mit Backpapier ausgelegte Bleche setzen. Mit Mehl bestäuben, dann mit einer weiteren Lage Backpapier und zuletzt mit Frischhaltefolie abdecken. So halten sie sich im Kühlschrank 1–2 Tage.

Unter den besten japanischen Restaurants gibt es einige, die sich ausschließlich einer Art von Nudeln verschrieben haben. Mein Sohn und ich stießen bei einer unserer Reisen auf ein solches Restaurant, in dem es nur Udon gab. Das einzige Gericht auf der Karte waren Schalen voller dicker, fester Nudeln in einer einfachen Brühe mit Tempura. Wer das Frittieren scheut, kann das Tempura durch in Scheiben geschnittene Entenbrust, Seidentofu, Eier oder Schweinefleisch ersetzen.

SUPPE MIT UDONNUDELN, TEMPURA UND FRÜHLINGSZWIEBELN

FÜR 4 PERSONEN
VORBEREITUNG: 20 MINUTEN
ZUBEREITUNG: 30 MINUTEN

1 l Hühner- oder Dashibrühe
60 ml japanische Sojasauce
60 ml Mirin (japanischer Reiswein)
1 TL Zucker
300 g frische (siehe Seite 70) oder tiefgekühlte oder 250 g getrocknete Udonnudeln
1 Rezeptmenge Tempura mit Garnelen und Zwiebeln (siehe Seite 10) oder Agedashi-Tofu (siehe Seite 36)
4 Frühlingszwiebeln, fein gehackt

Shichimi Togarashi zum Servieren

Die Brühe erhitzen, dann Sojasauce, Mirin und Zucker einrühren. Schwach köcheln lassen.

In einem zweiten Topf Wasser für die Nudeln aufkochen. 1 Tasse kaltes Wasser hinzugießen, da die dicken Nudeln bei niedrigerer Temperatur gleichmäßiger garen. Getrocknete Nudeln brauchen 6–7 Minuten, frische 4–5 Minuten und tiefgekühlte nur 2 Minuten, da sie bereits vorgegart sind. Die Nudeln in ein Sieb abgießen, unter warmem Wasser abspülen und beiseitestellen. Kurz vor dem Servieren noch einmal mit heißem Wasser übergießen, um die Nudeln voneinander zu lösen.

Suppenschalen bereitstellen und die Brühe köcheln lassen. Tempura oder Tofu nach Rezept zubereiten. Die Nudeln auf die Schalen verteilen, mit Brühe aufgießen und mit Frühlingszwiebeln, einigen Tempura- oder Tofustücken garnieren. Vor dem Servieren großzügig mit Shichimi Togarashi bestreuen.

TIPPS

Selbst gemachte Udonnudeln sind natürlich am allerbesten, aber auch tiefgekühlte sind in der Regel von guter Qualität. Ich verwende allerdings meist getrocknete. Einen großen Bogen sollte man um vorgegarte Fertignudeln machen.

Bei dieser Suppe kommt es auf eine gute Brühe an, es lohnt sich also, einen Topf Asiatische Hühnerbrühe (siehe Seite 77) anzusetzen. Wenn die Zeit drängt, können Sie einen Schnellkochtopf verwenden – dann dauert die Zubereitung nur etwa 20 Minuten statt der üblichen mindestens 2 Stunden. Falls Sie gekaufte Hühnerbrühe verwenden, sollten Sie auf gute Qualität achten.

Auch Dashibrühe (siehe Seite 78) ist hier als Basis geeignet. Und für eine Miso-Version geben Sie einfach vor den übrigen Zutaten 3 Esslöffel Misopaste in die Brühe.

Diese chinesische Suppe liebe ich sehr. Sie soll eine stärkende Wirkung haben und ist an kalten Wintertagen genau das Richtige. Der schwarze Reisessig ist hier unverzichtbar! Er liefert eine feine Säure, der weiße Pfeffer setzt ihr subtile Schärfe entgegen. Ich habe auf Fleisch verzichtet, aber Sie können nach Wunsch gerne auch ein paar dünne Scheiben Schweinefleisch hinzugeben.

CHINESISCHE SCHARF-SAURE PILZSUPPE

FÜR 4 PERSONEN
VORBEREITUNG: 15 MINUTEN
ZUBEREITUNG: 10 MINUTEN

8 getrocknete Pilze
500 ml kochendes Wasser
1 EL Sesamöl
1 Stück frischer Ingwer (3 cm), in Streifen gehobelt
1 Knoblauchzehe, zerdrückt
200 g Champignons
500 ml Brühe
100 g Bambussprossen
1 TL weiße Pfefferkörner
2 EL helle Sojasauce
60 ml Chinkiang-Essig (schwarzer Reisessig)
1 Ei, verquirlt
1 EL Maisstärke
250 g Seidentofu oder fester Tofu

1 Handvoll klein geschnittene Frühlingszwiebeln zum Servieren

Die Trockenpilze 15 Minuten in dem kochend heißen Wasser einweichen, dann abgießen, die Flüssigkeit auffangen und die Pilze ausdrücken. Die Stiele entfernen und die Hüte fein hacken.

Das Sesamöl bei mittlerer bis hoher Temperatur in einem großen Topf erhitzen. Ingwer, Knoblauch, getrocknete und frische Pilze darin 3 Minuten andünsten, bis sie am Rand bräunen. Die Brühe und das Pilzwasser hinzugießen und aufkochen.

Die Bambussprossen in feine Streifen schneiden und die Pfefferkörner frisch mahlen. Mit der Sojasauce und dem Essig zur Suppe geben.

Das Ei in einer kleinen Schale verquirlen und langsam in die Brühe gießen.

Die Stärke mit 1 Esslöffel Wasser zu einer Paste verrühren und in die Suppe rühren, aufkochen lassen, bis sie andickt. Den Tofu abtropfen lassen und klein würfeln. Die Suppe in Schalen füllen und die Tofuwürfel dazugeben. Vor dem Servieren jede Portion mit Frühlingszwiebeln bestreuen.

TIPP

Verwenden Sie hier möglichst kleine frische braune oder weiße Zuchtchampignons und getrocknete Shiitake- oder chinesische Pilze.

Diese koreanische Suppe für Kimchi-Liebhaber kann einem den Schweiß auf die Stirn treiben. Am besten greifen Sie hier zu einer milden Dashibrühe, da das Kimchi schon genügend Würzkraft mitbringt. In Seoul bevorzugt man eine kräftige Fischbrühe, die aber nichts für empfindsame Gemüter ist. Wenn man ein Glas gutes Kimchi zur Hand hat, ist die Suppe im Handumdrehen fertig.

KIMCHI-SUPPE MIT TOFU (JIGAE)

FÜR 4 PERSONEN
VORBEREITUNG: 10 MINUTEN
ZUBEREITUNG: 35 MINUTEN

375 g Kimchi, plus 4 EL Lake
1 Zwiebel, in Spalten geschnitten
1 EL helle Sojasauce
1 EL Sesamöl
2 EL Gochujang (koreanische Chilipaste)
1 EL Gochugaru (koreanische Chiliflocken)
1 EL Zucker
350 ml Brühe
6 Frühlingszwiebeln, klein geschnitten
200 g Schweineschulter
300 g Seidentofu
10 Shiitakepilze, in Streifen geschnitten

gekochter Reis zum Servieren

Das Kimchi und die Lake in einem großen Topf mit Zwiebel, Sojasauce, Sesamöl, Chilipaste, Chiliflocken, Zucker, Brühe und zwei Dritteln der Frühlingszwiebeln erhitzen. Das Fleisch in dünne Scheiben schneiden und hinzugeben. Alles zugedeckt 30 Minuten bei schwacher Hitze köcheln lassen.

Den Deckel abnehmen und die Suppe durchrühren. Den Tofu abtropfen lassen und in 2,5 cm große Würfel schneiden. Den Tofu und die Pilze in die Suppe geben und 3–4 Minuten mitköcheln lassen.

Die Suppe mit den restlichen Frühlingszwiebeln bestreuen und servieren, dazu gehört eine Schale Reis.

TIPPS

Sie können das Schnelle Kimchi von Seite 53 oder auch ein gutes gekauftes Kimchi nehmen.

Als Grundlage für diese Suppe eignet sich Dashibrühe (siehe Seite 78) oder eine fertig gekaufte Hühner- oder Gemüsebrühe von guter Qualität.

Diese Suppe wird Sie mit intensiven Noten von Zitronengras, Limette und Meeresfrüchten begeistern. Die Thais verwenden sehr viel Chili, was selbst erklärten Chili-Fans mitunter den Schweiß auf die Stirn treiben kann. Die Chilipaste Nam Prik Pao, das Geheimnis des typischen Thai-Geschmacks, findet man im gut sortierten Supermarkt, im Asia-Laden oder online. Und notfalls tun es auch zwei gehackte Vogelaugen-Chilischoten.

SCHARF-SAURE SUPPE MIT GARNELEN (TOM YAM)

FÜR 4 PERSONEN
VORBEREITUNG: 20 MINUTEN
ZUBEREITUNG: 40 MINUTEN

GRUNDREZEPT BRÜHE
12 rohe Garnelen mit Kopf, ungeschält
6 Stängel Zitronengras
1 kleines Bund Koriander mit Wurzeln
3 Thai- oder andere kleine Schalotten
3 Knoblauchzehen
20 g Galgant, gehackt
1,5 l Hühnerbrühe
8 Kaffirlimettenblätter

SCHARF-SAURE SUPPE
3 EL Nam Prik Pao (thailändische Chilipaste)
200 ml Kokosmilch
4 EL Limettensaft
1 EL Palm- oder Rohrohrzucker
3–4 EL Fischsauce
200 g kleine weiße Champignons, halbiert

gehackte rote Chilischoten zum Servieren

Die Garnelen auslösen, Schale und Köpfe aufbewahren. Die Garnelen am Rücken entlang einschneiden und den dunklen Darm entfernen.

Vom Zitronengras das harte Äußere entfernen, das Innere fein hacken. Den Koriander sehr gründlich waschen, die Blätter von den Stängeln zupfen und beiseitelegen. Die Korianderstiele und -wurzeln zusammen mit Zitronengras, Schalotten, Knoblauch und Galgant im Mörser zu einer groben Paste zerstoßen.

Die Paste zusammen mit der Brühe, den Garnelenschalen und -köpfen sowie 4 Kaffirlimettenblättern in einen großen Topf geben. Bei mittlerer Hitze aufkochen und 30 Minuten köcheln lassen. Die Brühe sollte dabei um ein Drittel einkochen. Durch ein feines Sieb in einen sauberen Topf gießen, die festen Bestandteile wegwerfen.

Chilipaste, Kokosmilch, Limettensaft, Zucker, Fischsauce und Pilze zur Brühe geben und alles bei schwacher Hitze 5 Minuten köcheln lassen.

Die Garnelen und die übrigen Limettenblätter hinzugeben. Alles noch 3–4 Minuten köcheln lassen, bis die Pilze und Garnelen gar sind. Die Korianderblätter hacken.

Die Suppe auf Schalen verteilen und vor dem Servieren mit Korianderblättern und Chili bestreuen.

TIPP

Traditionell nimmt man Strohpilze für diese Suppe. Da man sie aber meist nur in Dosen kaufen kann, sind frische kleine weiße oder braune Champignons eine gute Alternative.

GRUNDBAUSTEINE EINER SUPPE

GRUNDREZEPT FÜR ASIATISCHE HÜHNERBRÜHE

ERGIBT 1,5 L BRÜHE
VORBEREITUNG: 10 MINUTEN
ZUBEREITUNG: 4 STUNDEN

Die Zubereitung einer tollen Brühe ist keine Hexerei, Sie brauchen nur gute Zutaten. Ein Freilandhähnchen macht sich hier wirklich bezahlt. Am besten gleich eine größere Menge Brühe kochen und gut verpackt einfrieren.

1,3 kg Hähnchenoberschenkel oder -keulen
3 große Möhren
1 Stück frischer Ingwer (4 cm), halbiert
3 Zwiebeln, geviertelt
2 getrocknete Shiitake- oder Steinpilze
1 Knoblauchknolle, längs halbiert
4 Selleriestangen
Meersalz
schwarzer Pfeffer, frisch gemahlen

Den Backofen auf 200 °C (180 °C Umluft) vorheizen. Hähnchen, Möhren, Ingwer und Zwiebeln auf einem großen Backblech verteilen. Salzen und pfeffern und im Ofen 30 Minuten rösten. Fleisch, Gemüse und Bratensaft anschließend in einen großen Suppentopf umfüllen.

Pilze, Knoblauch, Sellerie und 3 l kaltes Wasser hinzugeben. Aufkochen und auf niedrigster Stufe köcheln lassen. Währenddessen nicht umrühren, da die Brühe sonst trüb wird. Den Deckel auflegen, aber nicht vollständig schließen. Die Brühe mindestens 2, besser 3 Stunden köcheln lassen.

Die Brühe durch ein Sieb in einen sauberen Topf abgießen. Das Hähnchenfleisch aufbewahren. Einen Teil des überschüssigen Fetts von der Brühe abschöpfen. Die Brühe weitere 30–40 Minuten bei mittlerer bis starker Hitze kochen lassen, um sie zu reduzieren und den Geschmack zu konzentrieren. Zum Schluss mit 1–2 Teelöffeln Salz abschmecken.

TIPPS
Für eine Hähnchen-Dashi mit deutlicher Umaminote können Sie ein Stück Kombu mitköcheln. Vor dem Abseihen 15 g Bonitoflocken in die Brühe geben und 10 Minuten ziehen lassen.

Im Schnellkochtopf verkürzt sich die Garzeit auf 20 Minuten, je nach Größe des Topfs müssen Sie allerdings zwei Portionen zubereiten. Wer einen Slow Cooker hat, kann ihn hier ebenfalls verwenden: Darin braucht die Brühe auf niedriger Stufe 8 Stunden, auf hoher Stufe 4 Stunden.

DASHIBRÜHE

ERGIBT 1 L BRÜHE
VORBEREITUNG: 10 MINUTEN
ZUBEREITUNG: 10 MINUTEN

Diese einfache Brühe ist die Basis für unzählige Suppen und in nur 15 Minuten fertig. Katsuobushi, Bonito-Thunfischflocken, werden aus Echtem Bonito gewonnen, der getrocknet, fermentiert und geräuchert wird, bevor man ihn in feine Späne hobelt. Sie liefern eine rauchige Umami-Note, die man mit keiner anderen Zutat erzielt. Wenn Sie keinen guten Asia-Laden in der Nähe haben, werden Sie online fündig.

1 großes Stück Kombu (getrockneter Seetang)
4 getrocknete Shiitakepilze (nach Belieben, siehe Tipp)
15 g Bonitoflocken

1 l Wasser mit dem Kombu und den Pilzen (falls verwendet) in einem Topf zum Kochen bringen und 10 Minuten köcheln lassen.
    Vom Herd nehmen und die Bonitoflocken einrühren. 5 Minuten ziehen lassen, dann die Brühe durch ein Sieb in einen sauberen Topf gießen.

TIPP
Die Shiitakepilze verleihen der Brühe noch mehr rauchige Noten.

VEGETARISCHE PILZBRÜHE

ERGIBT 1,2 L BRÜHE
VORBEREITUNG: 10 MINUTEN
ZUBEREITUNG: 2 STUNDEN

Durch das geröstete Gemüse und die getrockneten Pilze erhält diese Brühe eine schöne geschmackliche Tiefe.

1 Lauchstange, in Stücke geschnitten
2 große Möhren, in Stücke geschnitten
1 Stück frischer Ingwer (4 cm), in Scheiben geschnitten
2 Zwiebeln, geviertelt
Meersalz
schwarzer Pfeffer, frisch gemahlen
20 g getrocknete Shiitake- oder Steinpilze
1 Knoblauchknolle, in Zehen geteilt
1 Bund Frühlingszwiebeln, gehackt
2 Stücke Kombu (Seetang)
25 g Bonitoflocken
60 ml Sojasauce
60 ml Mirin (japanischer Reiswein)

Den Backofen auf 200 °C (180 °C Umluft) vorheizen. Lauch, Möhren, Ingwer und Zwiebeln auf einem großen Backblech verteilen. Salzen und pfeffern und im Ofen 30 Minuten rösten. Anschließend das Gemüse in einen großen Suppentopf umfüllen.
    Pilze, Knoblauch, Frühlingszwiebeln und Seetang hinzugeben, 2 l kaltes Wasser hinzugießen. Aufkochen und auf niedrigster Stufe köcheln lassen. Den Deckel auflegen, aber nicht vollständig schließen. Die Brühe 1½ Stunden köcheln lassen. Die Bonitoflocken während der letzten 5 Minuten einrühren, dann die Brühe durch ein Sieb in einen sauberen Topf gießen.
    Sojasauce und Mirin einrühren und probieren. Bei Bedarf mit weiterem Salz und Sojasauce abschmecken.

GRUNDREZEPT FÜR ROTE CURRYPASTE

ERGIBT 150 G PASTE
VORBEREITUNG: 10 MINUTEN PLUS 15 MINUTEN EINWEICHEN

Mit dieser Paste können Sie Khao Soi Gai und viele andere südostasiatische Currys zubereiten. Dank ihrer Größe und weil sie leicht zu entkernen sind, eignen sich hier getrocknete mexikanische Chilischoten besonders gut. Sie können auch große asiatische Chilis nehmen, müssen dann aber die Menge verdoppeln.

- 2 getrocknete mexikanische Chilischoten (Ancho, Pasilla oder Gaujillo)
- 4 Stängel Zitronengras, nur das Innere, fein gehackt
- 75 g Thai- oder andere kleine Schalotten
- 5 Knoblauchzehen
- 20 g Galgant, gehackt
- ½ TL Kurkuma, gemahlen
- 1 EL Garnelenpaste oder Fischsauce
- 2 Thai-Chilis oder 1 daumenlange rote Chilischote, entkernt
- 2 Limettenblätter, fein gehackt
- 1 EL Korianderwurzeln oder -stiele, gehackt
- 2 TL Koriander, gemahlen
- 1 TL Kreuzkümmel, gemahlen

Stiele und Kerne der getrockneten Chilischoten entfernen. Die Chilis in einer Schüssel mit kochend heißem Wasser übergießen und 15 Minuten einweichen, bis sie sehr weich sind.

Die Chilis abgießen und mit den übrigen Zutaten und 90 ml Wasser in den Mixer geben. 5 Minuten sehr fein mixen. Wenn die Paste zu dickflüssig wird, etwas mehr Wasser hinzugeben.

Die Paste in ein sterilisiertes Schraubglas füllen. Gut verschlossen hält sie im Kühlschrank bis zu 30 Tage. Man kann sie auch luftdicht verpacken und einfrieren.

KNACKIG & FRISCH

Miso ist eine wichtige Zutat in asiatischen Salatdressings. Seine nussig-salzige Note harmoniert gut mit der Zitrusfrische, dazu ein wenig Sojasauce und Ahornsirup – so wird dieses Dressing ganz bestimmt auch zu Ihrem Favoriten. Wer kein Ei mag, kann es durch klein gezupftes Hähnchenfleisch oder Avocado ersetzen.

APFELSALAT MIT MISO-AHORNSIRUP-DRESSING

FÜR 4 PERSONEN
VORBEREITUNG: 15 MINUTEN
ZUBEREITUNG: 10 MINUTEN

4 Eier
Meersalz
200 g feine grüne Bohnen
150 g Sprossenbrokkoli
100 g Kaiserschoten
1 Granny-Smith-Apfel
Zitronensaft zum Beträufeln
2 Handvoll Erbsensprossen, Rucola, Baby-Grünkohl oder Mizunablätter
1 EL Shichimi Togarashi

MISO-AHORNSIRUP-DRESSING
30 ml helle Sojasauce
1 EL Ahornsirup
45 ml Limettensaft
1 EL Mirin (japanischer Reiswein)
2 EL Shiro-Miso (weiße Misopaste)

In einem Topf Wasser zum Kochen bringen. Die Eier 6 Minuten kochen (oder 7–8 Minuten, wenn das Eigelb fester sein soll), dann in kaltem Wasser abschrecken. Zum Abkühlen beiseitestellen.

Alle Zutaten für das Dressing in einer kleinen Schüssel verquirlen.

In einem Topf frisches Wasser zum Kochen bringen, Salz zugeben. Bohnen, Brokkoli und Kaiserschoten 1 Minute darin blanchieren. In ein Sieb abgießen, unter kaltem Wasser abschrecken und abtropfen lassen. Das Gemüse mit einem Küchentuch trocken tupfen und auf einen Teller geben. Die Eier schälen und halbieren.

Den ungeschälten Apfel entkernen und in feine Scheiben oder Stifte schneiden. Sofort mit dem Zitronensaft vermischen, damit der Apfel sich nicht verfärbt. Das Gemüse mit den Sprossen oder Blättern auf einer Servierplatte oder einzelnen Tellern anrichten. Die Eier daraufsetzen. Alles mit dem Miso-Ahornsirup-Dressing beträufeln und mit Shichimi Togarashi bestreuen.

Larb, manchmal auch Laab geschrieben, bedeutet schlicht „gehackt". Die südostasiatische Spezialität ist eine Art Fleischsalat, typischerweise aus knusprig gebratenem Schweinefleisch oder Geflügel, manchmal auch mit Meeresfrüchten in einem süßsauren Dressing. Ich verwende hier Ente und ergänze das Ganze mit Möhren und Ananas – wem das zu viel Aufwand ist, lässt sie einfach weg. Dazu können Sie Glasnudeln oder Reis servieren.

ENTENFLEISCHSALAT MIT BUNTEN MÖHREN & ANANAS

FÜR 4 PERSONEN
VORBEREITUNG: 20 MINUTEN
ZUBEREITUNG: 10 MINUTEN

350 g Entenbrustfilet
1 EL Fischsauce
2 Stängel Zitronengras, nur das Innere, gehackt
1 EL Pflanzenöl
schwarzer Pfeffer, frisch gemahlen
2 Kaffirlimettenblätter, in feine Streifen geschnitten (nach Belieben)
3 TL Reis (nach Belieben)
2 Möhren, in feine Streifen geschnitten
200 g frische Ananas, gehackt
5 Thai-Schalotten, in Spalten geschnitten
je 1 große Handvoll Koriander- und Minzeblätter

LIMETTEN-INGWER-CHILI-DRESSING
1 Stück frischer Ingwer (2 cm)
1 Knoblauchzehe
3 EL geriebener Palmzucker oder Rohrohrzucker
2 EL Orangensaft
75 ml Limettensaft
50 ml Fischsauce
1 rote Thai- oder andere Chilischote, in Ringe geschnitten

knusprig gebratene Schalotten zum Servieren (nach Belieben)

Die Haut vom Entenbrustfilet abziehen und das Fleisch in der Küchenmaschine hacken. Fischsauce und Zitronengras hinzufügen und erneut durchmixen.

Das Pflanzenöl in einer großen Pfanne oder im Wok stark erhitzen. Das Fleisch hineingeben und verteilen. Gründlich anbraten, dann wenden und mit Pfeffer würzen. Das Fleisch weiterbraten, bis es knusprig wird. Vom Herd nehmen, die Limettenblätter (falls verwendet) hinzugeben und beiseitestellen.

Für das Limetten-Ingwer-Chili-Dressing Ingwer und Knoblauch in einem großen Mörser fein zerstoßen. (Wer keinen Mörser hat, nimmt eine Metallschüssel und das Ende eines Nudelholzes.) Zucker, Orangen- und Limettensaft, Fischsauce und 2 Esslöffel Wasser hinzugeben und verrühren, bis der Zucker sich aufgelöst hat. Probieren, ob mehr Zucker oder Fischsauce nötig ist. Die Chiliringe einrühren und das Dressing beiseitestellen.

Wer den Reis verwendet, gibt ihn jetzt in eine kleine Pfanne. 3 Minuten bei mittlerer Hitze goldbraun rösten. Aus der Pfanne nehmen und im Mörser oder in der Gewürzmühle zerkleinern.

Möhren, Ananas, das knusprige Entenfleisch, Schalotten und Kräuter auf einer Servierplatte anrichten und mit dem Dressing übergießen. Den Salat mit dem gemahlenen Reis und knusprig gebratenen Schalotten bestreuen.

TIPP

Statt Schalotten selbst zu rösten, können Sie Röstzwiebeln aus dem Supermarkt verwenden.

Umeboshi (milchsauer eingelegte Ume-Früchte) enthalten unglaubliche Mengen Zitronensäure, sollen gegen Erschöpfung helfen, entschlackend wirken und den Kater vertreiben. In Japan isst man sie mit Reis zum Frühstück. Fein püriert sind sie ein aromatischer Paukenschlag für jedes Dressing. Man kann das Püree im Glas fertig kaufen, aus ganzen Früchten frisch püriert schmeckt es aber besser. Umeboshi sind online oder in Asia-Läden erhältlich.

GARNELENSALAT MIT UMEBOSHI-YUZU-DRESSING

FÜR 4 PERSONEN
ZUBEREITUNG: 10 MINUTEN

- 100 g Mizunablätter, Rucola oder Baby-Grünkohl
- 180 g große Garnelen, gekocht und geschält
- 150 g Kirschtomaten
- 2 Kumquats, in dünne Scheiben geschnitten (nach Belieben)
- 2 EL milde Zwiebeln, fein gewürfelt (siehe Tipp Seite 87)
- 4 Radieschen oder 1 Wassermelonen-Rettich, in dünne Scheiben geschnitten

UMEBOSHI-YUZU-DRESSING
- 1 Umeboshi (milchsauer eingelegte Ume-Früchte)
- 2 EL Yuzu-Saft
- 1 EL helle japanische Sojasauce
- 2 EL Zucker
- 2 EL Mirin (japanischer Reiswein)

Für das Umeboshi-Yuzu-Dressing die Umeboshi entsteinen und fein hacken oder pürieren. Mit den übrigen Dressingzutaten verrühren.

Die Salatzutaten in eine große Schüssel geben. Kurz vor dem Servieren mit dem Dressing vermischen.

TIPP

Kumquats sind einzigartige Zitrusfrüchte mit süßer Schale und saurem Fleisch. Wenn Sie keine Kumquats finden können, lassen Sie sie einfach weg oder verwenden Sie stattdessen geschälte und in dünne Scheiben geschnittene Mandarinen.

Dieses Möhrendressing wird in Japan gern zu dick geschnittenem Eisbergsalat oder auf Gemüse serviert, das als Bestandteil einer Bento-Box oder als Beilage gereicht wird. Zugegeben, es sieht nicht sehr einladend aus, aber glauben Sie mir, es ist würzig, erfrischend und extrem lecker. Tomaten und milde Zwiebeln passen hervorragend zu diesem süßsauren Dressing.

TOMATENSALAT MIT MÖHREN-INGWER-DRESSING

FÜR 4 PERSONEN
ZUBEREITUNG: 10 MINUTEN

2 Fleischtomaten
300 g Kirschtomaten
1 kleine milde oder rote Zwiebel
10 Radieschen
2 große Handvoll rote Rettichsprossen oder violette Basilikumkresse

MÖHREN-INGWER-DRESSING
3 EL Möhren, gerieben
2 TL frischer Ingwer, gerieben
2 EL Zwiebeln, gehackt
1½ EL Zucker
2 EL helle japanische Sojasauce
2 EL Reisessig
1 EL Sesamöl
3 EL Pflanzenöl

Alle Zutaten für das Dressing in der Küchenmaschine oder im Mixer gründlich verquirlen (im Mixer wird das Dressing geschmeidiger). In eine Schüssel füllen.

Die Fleischtomaten in Scheiben schneiden, die Kirschtomaten halbieren oder vierteln, Zwiebeln und Radieschen in dünne Scheiben schneiden. Alles mit den Rettichsprossen auf einer Platte anrichten. Den Salat kurz vor dem Servieren mit dem Dressing beträufeln.

TIPPS

Verwenden Sie für diesen einfachen Salat immer die besten, aromatischsten Tomaten; wenn Sie alte Sorten finden können, greifen Sie zu.

Milde Zwiebeln eignen sich hier am besten – zum Beispiel die französischen Oignons doux des Cévennes.

Sobanudeln schmecken am besten kalt und passen hervorragend zu gegrilltem Lachs und einem erfrischenden Zitrusdressing. Dazu kann man eigentlich jedes grüne Gemüse, wie etwa grüne Bohnen oder Sprossenbrokkoli kombinieren.

GEGRILLTER LACHS MIT SOBANUDELN & ZITRUSDRESSING

FÜR 4 PERSONEN
VORBEREITUNG: 10 MINUTEN
ZUBEREITUNG: 15 MINUTEN

500 g Lachsfilet
2 EL helle japanische Sojasauce
2 EL Honig
2 kernlose Orangen oder Mandarinen
250 g getrocknete Sobanudeln
200 g grüner Spargel, geputzt
1 fingerlange rote Chilischote, in dünne Ringe geschnitten
1 EL Shichimi Togarashi
2 Handvoll Rucola oder Mizunablätter

ZITRUSDRESSING
abgeriebene Schale und Saft von 1 unbehandelten Orange oder Mandarine
1 EL helle japanische Sojasauce
1 EL Honig
2 EL Limettensaft
75 ml Yuzusaft
2 TL frischer Ingwer, gerieben
1 kleine Thai-Schalotte, fein gehackt

Den Lachs in 4 Stücke schneiden. Die Sojasauce in einer flachen Glasschale mit dem Honig verquirlen und den Lachs mit der Hautseite nach unten in die Marinade legen.

Alle Zutaten für das Zitrusdressing miteinander verquirlen.

Von den Orangen die Schale mit einem scharfen Messer vollständig abschneiden und das Fruchtfleisch in Scheiben schneiden. Beiseitestellen.

Wasser in einem sehr großen Topf zum Kochen bringen, dann 1 Tasse kaltes Wasser und die Nudeln hineingeben (das kalte Wasser verlangsamt den Kochvorgang und verhindert, dass die Nudeln übergaren). Die Sobanudeln in etwa 7 Minuten bissfest garen. 30 Sekunden vor Ende der Kochzeit den Spargel hinzugeben. Alles in ein Sieb abgießen, unter kaltem Wasser abschrecken und abtropfen lassen.

Den Backofengrill vorheizen. Den Lachs auf ein mit Alufolie ausgelegtes Backblech legen und 6–8 Minuten grillen, bis er am Rand knusprig ist. Die Haut nach dem Grillen abziehen.

Die Nudeln noch einmal unter fließendem Wasser abspülen, damit sie nicht aneinanderkleben. Nudeln und Spargel auf Teller verteilen. Lachs und Orangenscheiben darauf anrichten und mit dem Dressing übergießen.

Jede Portion mit Chiliringen und Shichimi Togarashi bestreuen und mit den Rucolablättern garniert servieren.

TIPP

Wer die japanische Gewürzmischung Shichimi Togarashi nicht zur Hand hat, kann alternativ auch schwarze oder weiße Sesamsamen verwenden.

Hier steckt alles drin, was man sich von einem guten Salat wünscht: knackiges Gemüse, gegrilltes Fleisch und ein frisches Dressing. Die Zutatenliste wirkt erst einmal lang, aber das Gericht ist schnell zubereitet. Wem selbst gemachte Lotos-Chips zu aufwendig sind, der kauft einfach fertige im Asia-Laden, ersetzt sie durch knusprige Reiskräcker oder verzichtet einfach darauf.

RINDFLEISCHSALAT MIT SESAM-AHORNSIRUP-DRESSING

FÜR 4 PERSONEN
VORBEREITUNG: 20 MINUTEN PLUS
2 STUNDEN MARINIEREN
ZUBEREITUNG: 35 MINUTEN

500 g Skirt- oder Sirloin-Steak
2 Knoblauchzehen, zerdrückt
2 EL helle Sojasauce
1 EL Honig
1 EL frischer Ingwer, gerieben
3 TL Pflanzenöl
Lotus-Chips (siehe Seite 44)

SESAM-AHORNSIRUP-DRESSING
60 g Sesamsamen
60 ml helle Sojasauce
60 ml Reisessig
2 EL Ahornsirup
2 TL Sesamöl

SALAT
200 g Kirschtomaten
10 große Radieschen
6 Frühlingszwiebeln
2 kleine Salatgurken
3 große Möhren in verschiedenen Farben
2 Avocados
100 g Rucola, Brunnenkresse,
   Mizunablätter oder Baby-Grünkohl

Das Fleisch mit Knoblauch, Sojasauce, Honig und Ingwer in einen Gefrierbeutel geben und 2 Stunden oder über Nacht im Kühlschrank marinieren.

Für das Sesam-Ahornsirup-Dressing die Sesamsamen in eine Pfanne geben und etwa 10 Minuten bei sehr schwacher Hitze goldgelb rösten. Mit den übrigen Zutaten in den Mixer geben und fein pürieren. Beiseitestellen.

Eine Grillpfanne oder einen Holzkohlegrill erhitzen. Das Fleisch mit Öl einpinseln und bei direkter Hitze von beiden Seiten 3–4 Minuten grillen, wenn das Stück sehr dick ist, vielleicht etwas länger. Anschließend 10 Minuten unter Alufolie ruhen lassen, dann dünn aufschneiden und in eine große Schüssel geben.

Für den Salat die Kirschtomaten halbieren, Radieschen, Frühlingszwiebeln und Gurken in dünne Scheiben schneiden. Die Möhren mit dem Sparschäler längs in Streifen hobeln und die Avocado in 4 cm große Würfel schneiden. Alles zu dem Fleisch in die Schüssel geben, die Rucolablätter hinzufügen.

Den Salat mit dem Sesam-Ahornsirup-Dressing übergießen und gut vermischen. Zum Servieren auf einer Platte anrichten, zuletzt die Lotus-Chips darauf verteilen.

Wenn sich das Eigelb der gebratenen Eier mit dem scharfen Salatdressing vereint, entsteht etwas Wunderbares. Ich habe diesen Salat in Bangkok entdeckt und war von der Kombination aus knusprigem Spiegelei und scharfem Limetten-Chili-Dressing sofort begeistert. Mit geringem Aufwand und wenig Kosten kann man wie ein König speisen.

THAILÄNDISCHER SPIEGELEI-SALAT MIT LIMETTEN-CHILI-DRESSING (YAM KHAI DAO)

FÜR 4 PERSONEN
VORBEREITUNG: 15 MINUTEN
ZUBEREITUNG: 5 MINUTEN

1 Kopfsalat
1 große Möhre
5 kleine Schalotten
2 kleine Thai-Chilischoten
150 g Kirschtomaten
4 EL Pflanzenöl
4 Eier

LIMETTEN-CHILI-DRESSING
1 Knoblauchzehe
2 EL Palmzucker oder Rohrohrzucker
45 ml Fischsauce
2 EL Orangensaft
75 ml Limettensaft

Korianderblätter zum Servieren

Den Knoblauch für das Limetten-Chili-Dressing im Mörser fein pürieren, dann den Palmzucker hinzugeben und zerstoßen, bis er aufgelöst ist. Mit Fischsauce, Orangen- und Limettensaft verrühren und beiseitestellen. Wird der Salat sofort serviert, ein paar Chiliringe vom Salat mit ins Dressing geben. Sonst die Chiliringe erst kurz vor dem Servieren einrühren, da das Dressing sonst zu scharf wird.

Den Salat putzen, waschen und trocken schleudern. Die Möhre in dünne Streifen schneiden, Schalotten und Chilis in Ringe schneiden und die Tomaten halbieren. Den Salat auf Tellern oder auf einer Servierplatte anrichten.

Das Öl in einer mittelgroßen Pfanne erhitzen. Die Eier in die Pfanne schlagen und bei starker Hitze braten (Vorsicht vor Spritzern). Die Eier nach 1–2 Minuten vorsichtig wenden. Das Eigelb darf nicht zu fest werden, also nicht zu lange braten. Die Eier aus der Pfanne heben und auf dem Salat anrichten. Alles mit Dressing übergießen und mit Koriander bestreut servieren.

Poke ist ein extrem gesunder Salat mit rohem Fisch, angerichtet mit einem kräftigen, würzigen Dressing mit milden Zwiebeln und tropischen Früchten. Er stammt ursprünglich aus Hawaii. Das liegt zwar nicht in Asien, aber es gibt dort wunderbare Gerichte mit japanischem Einfluss. Poke eignet sich als Vorspeise oder wird mit einer Portion Reis zum Hauptgericht.

WÜRZIGES THUNFISCH-POKE

FÜR 4 PERSONEN
VORBEREITUNG: 20 MINUTEN

300 g Thunfischfilet
1 kleine milde Zwiebel
1 kleine Salatgurke
4 Frühlingszwiebeln, nur die grünen Teile
1 Mango
8 Radieschen oder 1 kleiner Wassermelonen-Rettich
1 EL Shichimi Togarashi oder Furikake-Gewürzmischung

POKE-DRESSING
2 EL helle japanische Sojasauce
1 EL Sesamöl
1 EL Honig
1 EL Reisessig
1 EL Yuzusaft

gekochter Reis zum Servieren, mit Shichimi Togarashi oder Furikake bestreut

Den Thunfisch in 1 cm große Würfel schneiden und in eine Schüssel geben.

Für das Poke-Dressing die Zutaten in einer mittelgroßen Schüssel verquirlen.

Die Zwiebel und die Gurke würfeln, die Frühlingszwiebel in dünne Ringe schneiden, die Mango hacken, zum Thunfisch geben und alles vorsichtig mit dem Dressing vermischen. Die Radieschen in feine Streifen schneiden.

Den Thunfischsalat auf Tellern anrichten und mit den Radieschenstreifen garnieren. Mit Furikake oder Shichimi Togarashi betreuen. Nach Wunsch etwas dunkle Sojasauce in kleinen Schälchen dazureichen. Dazu als Beilage gekochten Reis servieren.

TIPPS

Der Thunfisch muss sehr frisch sein (Sushi-Qualität), und er sollte wenig Marmorierung aufweisen. Alternativ können Sie auch Lachs oder Heilbutt verwenden.

Milde Zwiebeln eignen sich hier am besten – zum Beispiel die französischen Oignons doux des Cévennes.

TOFU

KAUFEN

SEIDENTOFU

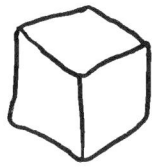

Weich und zart. Weder Abtropfen noch Pressen erforderlich.

PASST ZU

EINTÖPFEN
SCHMORGERICHTEN
SUPPEN
NUDELGERICHTEN
KANN GEKÜHLT MIT SOJADRESSING SERVIERT WERDEN

GEPRESST

Gummiartige Konsistenz, manchmal geräuchert. Weder Abtropfen noch Pressen erforderlich.

PASST ZU

PFANNENGERÜHRTEM
DUMPLINGS
SALATEN
EIGNET SICH ZUM GRILLEN UND BRATEN

FESTER/ MITTELFESTER TOFU

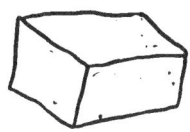

Mit Lake abgepackt erhältlich. Feste Konsistenz. Muss abgetropft und gepresst werden.

Perfekt für

SALATE
REISGERICHTE
FRITTIERTE SNACKS
BAO
SUPPEN
EIGNET SICH ZUM GRILLEN, FRITTIEREN UND BRATEN

ABTROPFEN & PRESSEN

Den abgetropften Tofu fest in ein Küchentuch oder dick in Küchenpapier einschlagen, ein Tablett darauflegen und mit Konservendosen beschweren. Papier oder Tuch mehrfach wechseln, bis der Tofu trocken ist.

ZUBEREITEN

FRITTIEREN

In Scheiben schneiden und in gewürzter Maisstärke wenden. In einem Wok in Öl bei 180 °C goldgelb und knusprig frittieren.

GRILLEN

In Soja-, Chili-, Hoisin-Sauce oder Miso marinieren. Rundum mit Öl bepinseln. Im Backofen, auf dem Grill oder in der Grillpfanne von beiden Seiten grillen.

PFANNENRÜHREN

Mit Öl einpinseln und im heißen Wok goldbraun und knusprig pfannenrühren. Mit Gemüse und einer würzigen Sauce kombinieren.

BRATEN

In Scheiben schneiden und in gewürzter Maisstärke wenden. In einer beschichteten Pfanne 1 Esslöffel Öl stark erhitzen. Den Tofu rundherum goldbraun braten.

FRISCH & KNACKIG

Tofu hat bei vielen einen schlechten Ruf. Wer aber einmal guten Tofu probiert hat, wird ihn lieben. Lesen Sie am besten in der Warenkunde (siehe Seite 96–97) nach, welche Sorten es gibt und wie man Tofu richtig vorbereitet. Für diesen Salat brate ich ihn goldbraun an und kombiniere ihn mit Gemüse und einem frischen Zitrus-Soja-Dressing – Sie werden Tofu mit ganz anderen Augen sehen!

KNUSPRIGER TOFU MIT GEMÜSE UND PONZU-DRESSING

FÜR 4 PERSONEN
VORBEREITUNG: 10 MINUTEN
ZUBEREITUNG: 10 MINUTEN

400 g fester Tofu
50 g Maisstärke
4 EL Shichimi Togarashi oder Furikake-Gewürzmischung
100 ml Pflanzenöl
300 g Sprossenbrokkoli
4 Kumquats, in Scheiben geschnitten, Kerne entfernt
2 Frühlingszwiebeln, fein gehackt
4 Radieschen, in dünne Scheiben geschnitten
2 große Handvoll Rucola, Baby-Grünkohl oder Mizunablätter

PONZU-DRESSING
60 ml helle Sojasauce
60 ml Yuzu-Saft
1 EL Sesamöl
Saft von 1 Zitrone
1 EL Zucker
3 TL frischer Ingwer, fein gerieben
2 kleine Schalotten, fein gehackt

Den Tofu halbieren und dick in Küchenpapier oder ein Küchentuch einwickeln. Mit einer schweren Bratpfanne (oder mit einem Teller und Konservendosen wie auf Seite 97 beschrieben) beschweren und abtropfen lassen. Papier oder Tuch mehrfach wechseln, bis der Tofu trocken ist.

Den Tofu in Streifen schneiden, die etwa die Größe von Pommes haben. In einer Schüssel die Maisstärke mit der Gewürzmischung vermengen und den Tofu rundum darin wenden. Beiseitestellen.

Alle Zutaten für das Ponzu-Dressing in einer kleinen Schüssel miteinander verquirlen.

In einem Topf Wasser zum Kochen bringen. Den Brokkoli 1 Minute im kochenden Wasser blanchieren, in ein Sieb abgießen und unter kaltem Wasser abschrecken, dann abtropfen lassen.

Das Öl in einer großen Pfanne erhitzen. Sobald das Öl heiß ist, den Tofu darin rundherum goldbraun braten. Die Pfanne nicht überfüllen und lieber in mehreren Portionen braten, damit alle Tofustücke knusprig werden.

Den Brokkoli auf Teller oder flache Schalen verteilen. Tofu, Kumquats, Frühlingszwiebeln, Radieschen und Rucola darauf anrichten, mit dem Dressing übergießen und servieren.

Wenn Sie eines der Rezepte aus dem Kapitel Spieße & Gegrilltes (siehe Seite 132) oder Bao zubereiten, ist dieser asiatischer Krautsalat die perfekte Ergänzung. Wenn Sie das Gemüse im Voraus schnippeln wollen, bewahren Sie es in Eiswasser auf, damit es knackig bleibt. Vor dem Anmachen mit dem Dressing einfach in der Salatschleuder trocknen.

ZWEIMAL ASIATISCHER KRAUTSALAT – KIMCHI- ODER KEWAPIE-DRESSING

FÜR 4 PERSONEN
VORBEREITUNG: 20 MINUTEN

200 g Weißkohl
3 Möhren
1 rote Zwiebel
1 grüne Chilischote
15 Radieschen
2 EL Koriander, gehackt
2 EL Sesamsamen, geröstet
2 EL geröstete Erdnüsse, gehackt

KIMCHI-DRESSING
2 EL helle Sojasauce
50 ml Reisessig
1 Knoblauchzehe, zerdrückt
1 EL Honig
1 EL Sesamöl
1 EL Fischsauce
2 EL Gochujang (koreanische Chilipaste)

KEWPIE-DRESSING
125 ml Mayonnaise (am besten
    japanische Kewpie-Mayonnaise)
1 EL helle Sojasauce
2 EL Miso
45 ml Reisessig
1 TL scharfe Chilisauce

Die Zutaten für die Dressing-Varianten jeweils separat in ein Schraubglas geben, das Glas gut zuschrauben und gründlich schütteln. Beiseitestellen.

Den Weißkohl hacken, die Möhren in feine Streifen, die Zwiebel in dünne Spalten, die Chili in dünne Ringe und die Radieschen in Scheiben schneiden. Alles in zwei Schüsseln füllen, und jeweils mit Koriander, Sesamsamen und Erdnüssen vermengen.

Beide Salatvarianten erst unmittelbar vor dem Servieren mit dem jeweiligen Dressing vermischen.

Gado-Gado ist ein fester Bestandteil der indonesischen Küche und eigentlich eher ein Hauptgericht als ein Salat. Der eigentliche Star ist das Dressing: Erdnüsse und Sojasauce verbinden sich hier mit Tamarinde und Limette zu einem süßsauren Feuerwerk. Die Zutatenliste für Gado-Gado ist traditionell sehr lang und reicht von Tofu bis Kohl – ich habe es mir und Ihnen ein bisschen einfacher gemacht, ohne dass der Geschmack darunter leidet.

INDONESISCHER SALAT MIT ERDNUSSDRESSING (GADO-GADO)

FÜR 4 PERSONEN
VORBEREITUNG: 20 MINUTEN
ZUBEREITUNG: 15 MINUTEN

250 g kleine Kartoffeln
Meersalz
200 g feine grüne Bohnen
4 kleine Hühner- oder 8 Wachteleier
75 g Weißkohl
2 kleine Salatgurken
100 g Kirschtomaten
2 Möhren
4 kleine Schalotten

TAMARINDEN-SOJA-
ERDNUSS-DRESSING
40 g geröstete Erdnüsse
60 ml Kecap Manis (süße Sojasauce)
2 EL Tamarindenpaste
2 EL Fischsauce
Saft von 2 Limetten
3 EL Palmzucker
1 Knoblauchzehe, fein gehackt
1 EL Sambal Oelek (indonesische
   Chilisauce)

knusprig gebratene Schalotten,
   Korianderblätter und Reiskräcker zum
   Servieren

Die Kartoffeln etwa 10 Minuten in Salzwasser kochen, bis sie sich mit einer Messerspitze leicht einstechen lassen. Abgießen und im Topf abdampfen lassen.

Die grünen Bohnen in einem kleinen Topf mit kochendem Wasser 30 Sekunden blanchieren. In ein Sieb abgießen und unter kaltem Wasser abschrecken. Mit einem Küchentuch trocken tupfen. Die Eier in 6 Minuten weich kochen (Wachteleier 3 Minuten) und sofort mit kaltem Wasser abschrecken. Den Weißkohl hobeln, die Gurken in Scheiben schneiden, die Tomaten halbieren, Möhren und Schalotten in feine Streifen schneiden.

Alle Zutaten für das Dressing mit 60 ml Wasser in die Küchenmaschine geben und zu einem glatten Dressing mixen. Beiseitestellen.

Die Salatzutaten ansprechend auf einer Platte anrichten, sodass jede Zutat einzeln liegt. Die Eier schälen, halbieren und darauf anrichten.

Den Salat mit dem Dressing übergießen. Mit gerösteten Schalotten, Koriander und Reiskräckern servieren.

TIPP

Wenn Sie kein Sambal Oelek zur Hand haben, können Sie auch eine andere Chilisauce verwenden oder 1 fein gehackte rote Chilischote hinzugeben.

Schwarzer Reis wird nicht nur wegen seines attraktiven Aussehens geschätzt, sondern auch wegen seinem knackigen Biss, der an Gerste oder Dinkel erinnert. Im Gegensatz zu weißem Reis oder Quinoa wird er nicht weich, wenn er mit einem Dressing angerichtet wird. Bei diesem Rezept habe ich mich von den klassischen Thai-Aromen inspirieren lassen und sie zu einem köstlichen Salat neu kombiniert.

SALAT MIT SCHWARZEM REIS, GARNELEN & LIMETTEN-KOKOS-DRESSING

FÜR 4 PERSONEN
VORBEREITUNG: 20 MINUTEN
ZUBEREITUNG: 20 MINUTEN

150 g schwarzer Reis
1 daumenlange rote Chilischote, in dünne Ringe geschnitten
6 kleine Schalotten, in feine Streifen geschnitten
300 g große Garnelen, gekocht und geschält
60 g Kokoschips, geröstet
2 Avocados, in Spalten geschnitten
2 kleine Mangos, in Spalten geschnitten

LIMETTEN-KOKOS-DRESSING
1 Knoblauchzehe
1 Stück frischer Ingwer (2 cm)
2 EL Palmzucker
2 EL Fischsauce
75 ml Limettensaft und die abgeriebene Schale von 2 unbehandelten Limetten
3 EL Kokosmilch

Korianderblätter und Brunnenkresse zum Servieren

Den Reis in etwa 20 Minuten in reichlich Wasser bissfest kochen. In ein Sieb abgießen und gründlich unter kaltem Wasser abspülen, bis das Wasser klar bleibt, da sich sonst das Dressing verfärbt. Den Reis zum Trocknen auf einem Küchentuch verteilen, dann mit den Chiliringen und Schalotten in eine große Schüssel füllen.

Den Knoblauch und den Ingwer für das Limetten-Kokos-Dressing im Mörser zu einer Paste zerstoßen. Mit Palmzucker, Fischsauce, Limettensaft und -schale und der Kokosmilch verquirlen. Die Hälfte des Dressings über den Reis gießen und gründlich vermischen.

Garnelen und Kokoschips hinzugeben und erneut gut vermischen. Den Salat auf eine Servierplatte geben, die Avocado- und Mangospalten darauf anrichten. Kurz vor dem Servieren alles mit dem restlichen Dressing übergießen und mit Koriander bestreuen.

TIPP

Die Kokoschips etwa 8 Minuten im auf 170 °C (150 °C Umluft) vorgeheizten Backofen rösten, bis sie an den Rändern goldgelb sind. Alternativ können Sie Kokosraspel verwenden

Für das Gericht aus der Provinz Szechuan gibt es viele Namen, die übersetzt etwa „weißes geschnittenes Hähnchen" oder „Hähnchen, das einem das Wasser im Mund zusammenlaufen lässt" bedeuten. Traditionell wird es nicht als Salat serviert, aber ich finde lauwarm serviert entwickelt es einen ganz eigenen Charakter. Mit gedämpftem Reis und Gemüse wird daraus ein Hauptgericht.

KÖSTLICHE HÄHNCHENBRUST

FÜR 4 PERSONEN
VORBEREITUNG: 10 MINUTEN
ZUBEREITUNG: 25 MINUTEN

500 ml Hühnerbrühe
4 Hähnchenbrustfilets mit Haut
6 Frühlingszwiebeln
10 Radieschen
2 kleine Salatgurken
2 EL geröstete Erdnüsse, gehackt
1 EL eingelegte Chilischoten oder rote Chilischoten, in Ringe geschnitten
2 TL Sesamsamen, geröstet

SZECHUAN-DRESSING
¼ TL Szechuan-Pfefferkörner, geröstet
1 Stück frischer Ingwer (3 cm), gerieben
2 EL geröstete Chiliflocken in Öl, abgetropft
1 EL geröstetes Sesamöl
3 EL helle Sojasauce
3 EL Chinkiang- oder heller Reisessig
2 EL Shaoxing-Reiswein
1 EL Zucker

Korianderblätter zum Servieren

Die Brühe in einem mittelgroßen Topf zum Kochen bringen und die Hähnchenbrustfilets darin 5 Minuten garen. Den Topf vom Herd nehmen und zugedeckt für 20 Minuten beiseitestellen.

Die Frühlingszwiebeln in feine Streifen schneiden und in einer Schüssel mit kaltem Wasser in den Kühlschrank stellen. Sie werden dadurch fester und milder. Die Radieschen vierteln und hacken, die Gurken der Länge nach achteln.

Während das Hähnchenfleisch in der Garflüssigkeit zieht, die Pfefferkörner für das Szechuan-Dressing grob mahlen und mit den restlichen Zutaten verquirlen.

Die Frühlingszwiebeln abtropfen lassen und auf Küchenpapier trocken tupfen.

Die Hähnchenbrustfilets mit Radieschen, Gurke, Frühlingszwiebeln, Erdnüssen, Chilischoten und Sesamsamen auf einzelnen Tellern oder einer Servierplatte anrichten. Alles mit dem Dressing umgießen. Vor dem Servieren die Korianderblätter darüberstreuen.

TEIG-TASCHEN & BRÖTCHEN

Solche offenen Teigtaschen findet man sowohl in Thailand als auch in China. Ich mag die Thai-Version mit gebratenem Knoblauch und süßer Sojasauce lieber. Sie ist zudem einfacher und schneller zuzubereiten als Gyoza oder Wan Tan.

THAILÄNDISCHE SHUMAI-TEIGTASCHEN

ERGIBT 20 GROSSE TEIGTASCHEN
VORBEREITUNG: 30 MINUTEN
ZUBEREITUNG: 8 MINUTEN

200 g rohe Garnelen, geschält
150 g Schweinehack
8 Wasserkastanien, gehackt
1 Knoblauchzehe
1 Stück frischer Ingwer (1 cm)
1 kleines Bund Koriander, grob geschnitten
2 Frühlingszwiebeln, fein geschnitten
2 TL Maisstärke
1 TL Eiweiß
2 TL Fischsauce
2 TL Sojasauce
schwarzer Pfeffer, frisch gemahlen
20–25 Wan-Tan- oder Gyoza-Teigblätter

GEBRATENER KNOBLAUCH
2 EL Pflanzenöl
4 Knoblauchzehen, fein gehackt

KECAP-MANIS-DIP
60 ml Kecap Manis (süße Sojasauce)
2 EL Limettensaft
1 daumenlange rote Chilischote, gewürfelt

Die Hälfte der Garnelen grob hacken und mit dem Hackfleisch und den Wasserkastanien in eine Schüssel geben. Knoblauch und Ingwer in der Küchenmaschine fein hacken, dann Koriander, Frühlingszwiebeln und die übrigen Garnelen hinzugeben und grob hacken. Maisstärke, Eiweiß, Fisch- und Sojasauce hinzugeben und erneut mixen. Zu dem Fleisch und den Garnelen in die Schüssel geben. Alles gut vermengen und mit Pfeffer würzen.

Bei Verwendung von Wan-Tan-Blättern die Ecken der Quadrate halbwegs rund schneiden. Die Teigblätter mit einem Küchentuch abdecken, damit sie nicht austrocknen.

Ein Teigblatt auf die Handfläche legen und 1 gehäuften Esslöffel der Füllung daraufsetzen. Die Füllung in den Teig einhüllen, sodass eine Art Beutel entsteht, eine oben offene, runde Tasche. Die Tasche auf der Arbeitsfläche aufstoßen, um den Boden abzuflachen, und die Füllung mit einem Messer glatt streichen. Der Teig muss die Füllung fest umschließen. Die restlichen Teigblätter ebenso füllen und die Teigtaschen auf ein Tablett setzen.

Den Knoblauch in einer kleinen Pfanne in dem Öl bei schwacher Hitze in 1–2 Minuten goldgelb braten.

Alle Zutaten für den Kecap-Manis-Dip in einer Schüssel verrühren.

In einen Topf oder Wok einige Zentimeter hoch Wasser füllen und zum Kochen bringen. Ein Blatt Backpapier mit Löchern versehen und in einen Bambus-Dämpfkorb legen. Die Teigtaschen portionsweise 6–8 Minuten abgedeckt dämpfen. Auf einer Servierplatte oder in Tellern anrichten und mit dem gebratenen Knoblauch und den Korianderblättern bestreuen. Dazu den Dip servieren.

TIPP

Wenn Sie die Taschen im Voraus zubereiten, setzen Sie sie auf ein mit Backpapier ausgelegtes Tablett. Bedecken Sie sie mit weiterem Backpapier und schlagen Sie sie in Frischhaltefolie ein. So kann man sie bis zu 24 Stunden im Kühlschrank aufbewahren oder tiefkühlen. Gefrorene Shumai müssen vor dem Dämpfen nicht aufgetaut werden.

WAN TAN

1
1 Esslöffel Füllung in die Mitte eines Teigblatts (quadratisch oder rund) setzen.

2
Den Teigrand dünn mit Eiweiß bepinseln.

3
Den Teig über die Füllung schlagen, sodass ein Dreieck entsteht. Die Luft herausdrücken und die Ränder zusammenpressen.

4
Die beiden gegenüberliegenden Ecken des Dreiecks befeuchten.

5
Die Ecken überkreuzen.

6
Die Ecken zusammendrücken, sodass die Teigtasche aufrecht steht.

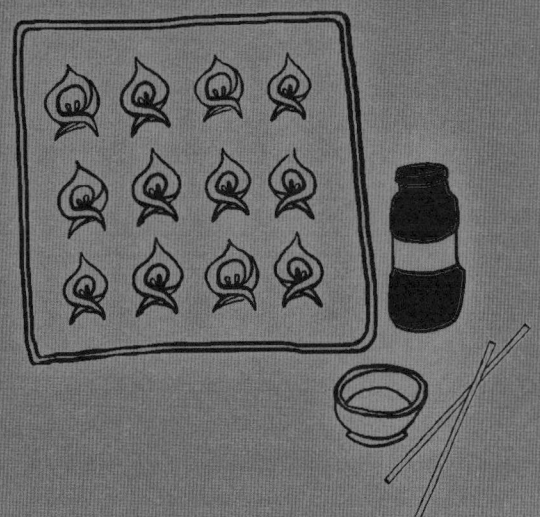

FERTIG ZUM DÄMPFEN ODER KOCHEN!

Meine Lieblings-Teigtaschen? Schwer zu sagen, aber diese hier stehen ganz oben auf der Liste. Man kann sie dämpfen oder frittieren, aber nur beim Kochen werden sie seidenweich. Dazu gehört ein Dip aus Chinkiang-Essig, Chiliflocken und Sojasauce. Im Grunde kann man hier Teigblätter jeder Art verwenden, ich bevorzuge Gyoza-Teigblätter ohne Ei, die etwas dicker sind und mehr Füllung vertragen.

GARNELEN-WAN-TAN in SCHARFER SZECHUAN-SAUCE

ERGIBT 30–35 WAN TANS
VORBEREITUNG: 30 MINUTEN
ZUBEREITUNG: 5 MINUTEN

1 Knoblauchzehe
1 Stück frischer Ingwer (1,5 cm)
250 g rohe Garnelen, geschält
7 Wasserkastanien
1 TL helle Sojasauce
2 Frühlingszwiebeln, fein gehackt
1 Eiweiß
2 EL Koriander, gehackt
30–35 Wan-Tan- oder Gyoza-Teigblätter

SCHARFE SZECHUAN-SAUCE
1 Knoblauchzehe, zerdrückt
1 TL Zucker
2 EL helle Sojasauce
1 EL geröstete Chiliflocken in Öl, abgetropft
2 EL schwarzer oder weißer Reisessig

geröstete Sesamsamen und
   Frühlingszwiebelringe zum Servieren

Den Knoblauch zusammen mit dem Ingwer in der Küchenmaschine pürieren. Garnelen, Wasserkastanien, Sojasauce, Frühlingszwiebeln, 1 Esslöffel Eiweiß und den Koriander hinzugeben und in kurzen Intervallen zerkleinern. So werden die Zutaten nur grob zerkleinert und verbinden sich dennoch zu einer kompakten Masse.

Auf der Arbeitsfläche 6 Teigblätter auslegen – die übrigen Blätter mit einem Küchentuch abdecken, damit sie nicht austrocknen. 1 gehäuften Teelöffel der Füllung in die Mitte jedes Blatts setzen und die Teigränder mit Eiweiß bepinseln. Den Teig zu einem Dreieck oder Halbmond über die Füllung schlagen und die eingeschlossene Luft herausdrücken. Die Ecken mit Eiweiß bepinseln und überkreuzen, dann zu einem Wan Tan zusammendrücken. Auf diese Weise alle Teigblätter füllen. Siehe auch Schritt-für-Schritt-Anleitung auf Seite 111.

Alle Zutaten für die scharfe Szechuan-Sauce miteinander verrühren und auf kleine Schalen verteilen.

Wasser in einem großen Topf zum Kochen bringen und 1 Tasse kaltes Wasser bereitstellen. Zuerst einige Wan-Tan-Taschen, dann das kalte Wasser in den Topf geben. Sobald das Wasser wieder aufkocht, die Wan Tans mit einem Schaumlöffel herausheben und abtropfen lassen. Mit den übrigen Teigtaschen ebenso verfahren.

Die Wan Tans auf die Schalen mit der Sauce verteilen, mit Sesamsamen und Frühlingszwiebeln bestreuen und sofort servieren.

BAO

BAO-BRÖTCHEN

1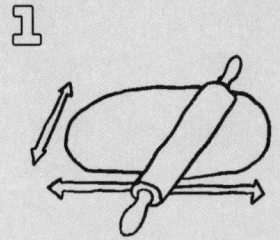
Die Teigportionen oval ausrollen, etwa 8 × 16 cm.

2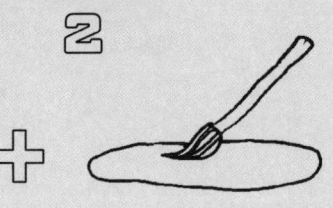
Mit Pflanzenöl bepinseln.

3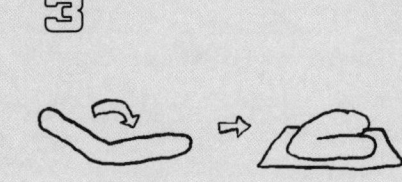
In der Mitte zusammenklappen und auf ein Stück Backpapier setzen.

BAOZI

1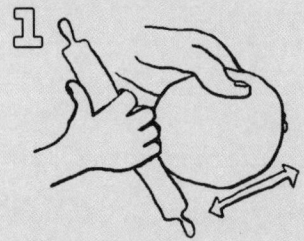
Die Teigportionen zu 10 cm großen Kreisen ausrollen, die in der Mitte etwas dicker sein sollten als am Rand.

2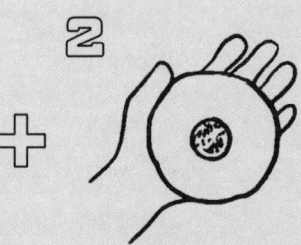
Den Teig in die Handfläche legen und 1 gehäuften Esslöffel Füllung in die Mitte setzen.

3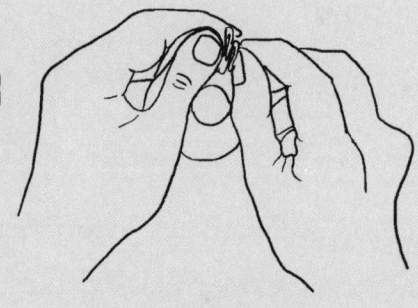
Den Teigrand in Falten legen, sodass der Teig die Füllung umschließt. Mit dem Daumen der haltenden Hand die Mitte offen halten und mit dem freien Daumen die Falten legen.

4
Die gefälteten Ränder in der Mitte zusammendrücken und die Baozi auf ein Stück Backpapier setzen.

 BRATEN UND/ODER DÄMPFEN!

TEIGTASCHEN & BRÖTCHEN

Ich habe Jahre geübt, bis ich wirklich luftig-lockere Bao hinbekommen habe, und gelernt, dass es darauf ankommt, dass der Teig ein zweites Mal gehen muss. Wenn Sie Bao mögen, sollten Sie in einen großen, doppelstöckigen Dampfgarer investieren, der Platz für zwei Lagen Bao oder Teigtaschen bietet. Sie können jede Füllung nehmen, aber Pikantes Hähnchen (siehe Seite 122), Geschmorter Schweinebauch (siehe Seite 120) oder Garnelen-Katsu (siehe Seite 118) eignen sich am besten.

BAO-BRÖTCHEN (GUA BAO)

ERGIBT 12 GROSSE ODER 16 KLEINERE BAO-BRÖTCHEN

VORBEREITUNG: 15 MINUTEN PLUS 1 STUNDE GEHEN

ZUBEREITUNG: 10 MINUTEN

100 ml Milch
90 ml handwarmes Wasser
2 EL Pflanzenöl, plus Öl zum Bestreichen
1½ TL Trockenhefe
350 g Weizenmehl Type 405
2 TL Backpulver
2 EL Zucker

Die Milch im Messbecher mit dem Wasser, dem Pflanzenöl und der Hefe verquirlen. Etwa 5 Minuten ruhen lassen, bis sich Blasen bilden (das zeigt an, dass die Hefe arbeitet).

Die trockenen Zutaten in die Rührschüssel der Küchenmaschine geben und den Knethaken einsetzen. Bei langsam laufendem Motor die Flüssigkeit aus dem Messbecher hinzugießen. Kneten, bis sich der Teig vom Schüsselrand löst und eine Kugel bildet. Wenn er am Schüsselboden klebt, noch etwas Mehl dazugeben. 10 Minuten bei niedriger Geschwindigkeit kneten. (Man kann die Zutaten auch in einer großen Rührschüssel mit einem Löffel mischen und den Teig 10 Minuten von Hand kneten.)

Den Teig in einer leicht geölten Schüssel mit Frischhaltefolie abgedeckt an einem warmen, zugluftfreien Platz 1 Stunde gehen lassen, bis sich sein Volumen verdoppelt hat.

Den Teig mit der Hand zusammendrücken und weitere 2 Minuten kneten, dann in 12–16 Portionen teilen und zu Kugeln formen; mit einem Küchentuch abdecken. Aus Backpapier für jede Kugel ein 10 cm großes Quadrat schneiden. Jede Kugel zu einem etwa 15 × 8 cm großen Oval ausrollen. Die Oberseite dünn einölen, das Teigstück in der Mitte zusammenklappen und auf ein Papierquadrat legen. In den Dämpfkorb oder Dampfgarer setzen und den Deckel auflegen. Erneut etwa 30–60 Minuten gehen lassen, je nach Raumtemperatur.

Wasser in einen Wok oder den Dampfgarer füllen. Zum Kochen bringen und den Dämpfeinsatz darüberstellen. Die Bao 8 Minuten dämpfen, bis sie schön aufgegangen und fest sind.

TIPP

Die Brötchen bleiben nicht länger als 4–6 Stunden frisch. Wer sie länger aufbewahren will, sollte sie gleich nach dem Garen einfrieren und dann tiefgekühlt noch einmal kurz in den Dämpfer geben. So bleiben sie luftig und frisch. Sie können die Bao-Brötchen auch in Backpapier eingeschlagen und luftdicht verpackt bis zu 1 Tag aufbewahren.

Japanische Bahnhöfe und Flughäfen bergen verborgene kulinarische Schatzkammern: Mit Michelin-Sternen gekrönte Restaurants, Izakayas und tolle Ramen-Stände. Ich habe kurz vor einem Heimflug Katsu-Burger für mich entdeckt und mich in die knusprigen Frikadellen in Panko-Panade mit Chilimayo und knackigem Krautsalat im Brötchen verliebt. Das Rezept habe ich zuhause nachgekocht und mit frischen Baos statt Brötchen optimiert.

BAO MIT GARNELEN-KATSU, KRAUTSALAT & CHILIMAYO

ERGIBT 12 KLEINE BURGER
VORBEREITUNG: 20 MINUTEN PLUS 1 STUNDE KÜHLEN
ZUBEREITUNG: 5 MINUTEN

400 g rohe Garnelen, geschält
4 Frühlingszwiebeln, fein gehackt
2 TL Sojasauce
1 EL frischer Ingwer, gerieben
40 g frische Semmelbrösel
50 g Weizenmehl Type 405
2 Eier, verquirlt
100 g Panko (japanische Semmelbrösel)
Pflanzenöl zum Frittieren
gedämpfte Bao-Brötchen (siehe Seite 116)

KRAUTSALAT
2 Handvoll Weißkohl, fein gehobelt
8 Radieschen oder 1 Wassermelonen-Rettich, in dünne Scheiben geschnitten
1 EL Reisessig
Meersalz

CHILIMAYONNAISE
1 EL scharfe Chilisauce
1 TL Limettensaft
1 EL Mayonnaise
2 TL schwarze Sesamsamen

Für den Salat den Weißkohl und die Radieschen mit dem Essig in eine Schüssel geben, salzen und gründlich vermischen.

Die Hälfte der Garnelen mit Frühlingszwiebeln, Sojasauce und Ingwer in der Küchenmaschine in kurzen Intervallen pürieren. Die übrigen Garnelen grob hacken und mit den frischen Semmelbröseln dazugeben. Alles gut vermengen und aus der Masse 12 Burger formen.

Das Mehl, die Eier und das fein zerstoßene Panko auf drei einzelne Teller geben. Die Burger nacheinander zuerst im Mehl, dann im Ei und zuletzt im Panko wenden, um sie rundum zu panieren. Auf einen mit Backpapier ausgelegten großen Teller geben, mit Backpapier abdecken und in Frischhaltefolie einschlagen. Bis zum Frittieren kalt stellen. (Ich finde, diese Garnelenburger halten einfach besser zusammen, wenn sie vor dem Frittieren 1 Stunde im Kühlschrank gelegen haben.)

Die Zutaten für die Chilimayonnaise in einer kleinen Schüssel vermengen und beiseitestellen.

Das Öl in einem Wok oder einem mittelgroßen Topf auf 180–190 °C erhitzen – ein kleiner Brotwürfel sollte darin sofort zu sieden beginnen. Einen Gitterrost zum Abtropfen auf eine Fettpfanne stellen. Jeweils 4 oder 5 Burger auf einmal in etwa 2–3 Minuten goldgelb frittieren, dann abtropfen lassen.

Die Garnelenburger mit Krautsalat und etwas Chilimayo in die Bao-Brötchen füllen und servieren. Die restliche Chilimayonnaise dazureichen.

Sie können diesen zarten, saftigen Schweinebauch im Slow Cooker oder Bräter garen und sofort servieren, oder Sie lassen ihn abkühlen und braten ihn in dicke Scheiben geschnitten in der Pfanne knusprig. Mit zerstoßenen Erdnüssen, Chili-Hoisin-Sauce und Pickles schmeckt das einfach fantastisch.

BAO MIT SCHWEINEBAUCH, FRÜHLINGSZWIEBELN & CHILINÜSSEN

FÜR 4 PERSONEN
VORBEREITUNG: 10 MINUTEN
ZUBEREITUNG: 2 STUNDEN

2 kg Schweinebauch ohne Schwarte
1 TL Fünf-Gewürze-Pulver
Meersalz
schwarzer Pfeffer, frisch gemahlen
2 EL Pflanzenöl
3 Knoblauchzehen, in Scheiben geschnitten
100 ml Shaoxing-Reiswein
60 ml helle Sojasauce
1 Stück frischer Ingwer (3 cm), in feine Streifen geschnitten
2 EL Rohrohrzucker
1 EL Hoisin-Sauce
Bao-Brötchen (siehe Seite 116)

CHILI-HOISIN-SAUCE
1 EL scharfe Chilisauce
2 EL Hoisin-Sauce

CHILI-ERDNÜSSE
50 g gesalzene geröstete Erdnüsse, zerstoßen
1 TL mildes Chilipulver

in feine Streifen geschnittene Frühlingszwiebeln und Eingelegte Gurken mit Ingwer (siehe Seite 53) oder gekaufte Pickles zum Servieren

Das Fleisch mit Fünf-Gewürze-Pulver, Salz und Pfeffer einreiben. Das Öl in einer großen Pfanne erhitzen und das Fleisch darin rundherum anbräunen. Anschließend in einen Slow Cooker, großen Bräter oder Topf legen.

Den Knoblauch in der Pfanne in etwa 2 Minuten goldgelb braten. Die übrigen Zutaten (mit Ausnahme der Brötchen) sowie 75 ml Wasser hinzugeben und zum Kochen bringen. Das Fleisch mit der Flüssigkeit übergießen und 4 Stunden auf hoher Stufe im Slow Cooker garen. Alternativ zugedeckt im Bräter 2½–3 Stunden bei 160 °C (140 °C Umluft) im Backofen schmoren. Das Fleisch sollte sich mit einer Messerspitze leicht einstechen lassen.

Die Zutaten für die Chili-Hoisin-Sauce miteinander verrühren.

Erdnüsse und Chilipulver gründlich vermischen.

Das Fleisch unmittelbar vor dem Servieren aufschneiden und mit Frühlingszwiebeln, Erdnüssen und Gurkenscheiben in den Brötchen servieren.

TIPP

Wenn Sie das Fleisch im Voraus zubereiten, decken Sie es auf einem Tablett ab, beschweren Sie es, damit es flach liegen bleibt, und stellen Sie es über Nacht kalt. Schneiden Sie es zum Servieren auf und braten Sie es in einer heißen Pfanne mit etwas Öl von beiden Seiten scharf an.

Alles andere als ein traditionelles Rezept – hier stand nämlich das beliebte amerikanische Hackfleischsandwich namens Sloppy Joe Pate. Die dicke Sauce mit Ingwer, Soja- und Hoisin-Sauce ist der perfekte Partner für Bao-Brötchen. Und wenn es schnell gehen soll, nehmen Sie statt der selbst gemachten Bao einfach kleine Brioche- oder Hamburgerbrötchen.

SLOPPY JOES MIT PIKANTEM HÄHNCHEN

FÜR 4 PERSONEN
VORBEREITUNG: 15 MINUTEN
ZUBEREITUNG: 20 MINUTEN

2 EL Pflanzenöl
2 Selleriestangen, gewürfelt
1 Zwiebel, klein gewürfelt
2 Knoblauchzehen, gehackt
1 EL frischer Ingwer, gerieben
Meersalz
schwarzer Pfeffer, frisch gemahlen
500 g Hähnchenoberschenkel ohne Haut und Knochen
2 EL scharfe Chilisauce
100 ml Hoisin-Sauce
2 EL helle Sojasauce
2 EL Reisessig
1 EL Tomatenmark
Bao-Brötchen (siehe Seite 116)

MÖHRENSALAT
2 Möhren, in feine Streifen geschnitten
3 EL Reisessig
1 TL Salz
1 TL Zucker

fein geschnittene Frühlingszwiebeln (nur grüne Teile) zum Servieren

Für den Möhrensalat die Zutaten in einer Schüssel miteinander vermischen. Bis zum Servieren abgedeckt kalt stellen.

Das Pflanzenöl in einer großen Pfanne erhitzen. Sellerie, Zwiebel, Knoblauch und Ingwer hineingeben, salzen und pfeffern und 10 Minuten anbraten, bis alles goldgelb und weich ist.

Das Hähnchenfleisch in der Küchenmaschine in kurzen Intervallen 1–2 Minuten fein hacken. Das Hackfleisch zum angebratenen Gemüse in die Pfanne geben und etwa 5 Minuten bräunen.

Die übrigen Zutaten (mit Ausnahme der Brötchen) sowie 2 Esslöffel Wasser hinzugeben und alles etwa 10 Minuten köcheln lassen, bis die Sauce andickt.

Kurz vor dem Servieren die Möhren abtropfen lassen.

Die Hähnchenmischung mit den Möhrenstreifen in den Brötchen anrichten und mit Frühlingszwiebeln bestreut servieren.

Karaage ist knusprig frittiertes Hähnchenfleisch, das man in den japanischen Izakayas serviert bekommt. Das Fleisch wird mit Ingwer, Sojasauce und Knoblauch mariniert, dann in Maisstärke gewendet und ausgebacken. Dazu passen die fluffigen Bao-Brötchen perfekt. Die Pickles und die Chilisauce runden diese Köstlichkeit wunderbar ab.

BAO MIT KARAAGE-HÄHNCHEN, CHILISAUCE & PICKLES

ERGIBT 12 KLEINE TEILE
VORBEREITUNG: 10 MINUTEN PLUS 2 STUNDEN MARINIEREN
ZUBEREITUNG: 5 MINUTEN

6 große Hähnchenoberschenkel ohne Haut und Knochen
2 Knoblauchzehen, zerdrückt
2 EL helle japanische Sojasauce
1 Stück frischer Ingwer (4 cm), gerieben
175 g Maisstärke
1 EL Shichimi Togarashi
Meersalz
Pflanzenöl zum Frittieren
Bao-Brötchen (siehe Seite 116)

CHILISAUCE
2 EL scharfe Chilisauce
2 EL Reisessig
1 EL Zucker

Eingelegte Gurken mit Ingwer (siehe Seite 53) oder gekaufte Pickles, dünn geschnittene rote Zwiebel und grüne Chili, Korianderblätter und Zitronenspalten zum Servieren

Die Hähnchenschenkel halbieren und in einer Schüssel mit Knoblauch, Sojasauce und Ingwer vermischen. Abdecken und mindestens 2 Stunden oder über Nacht kalt stellen.

Das Fleisch 1 Stunde vor der Zubereitung aus dem Kühlschrank nehmen, damit es Zimmertemperatur annehmen kann.

Die Zutaten für die Chilisauce miteinander verrühren und in einer Schale beiseitestellen.

Die Maisstärke auf einem flachen Teller mit Shichimi Togarashi und etwas Salz vermengen.

Das Öl in einem Wok oder einem mittelgroßen Topf auf 180–190 °C erhitzen – ein kleiner Brotwürfel sollte darin sofort zu sieden beginnen. Einen Gitterrost zum Abtropfen auf eine Fettpfanne stellen.

Die Hähnchenteile in der gewürzten Maisstärke wenden und den Überschuss abschütteln. Jeweils 5 oder 6 Stücke auf einmal goldbraun frittieren. Darauf achten, dass das Öl nicht zu heiß wird. Das Fleisch soll langsam garen, sodass es im Inneren gar ist, ohne dass die Kruste zu dunkel wird. Auf einem Gitterrost abtropfen lassen, damit die Kruste knusprig bleibt.

Das frittierte Hähnchen mit Gurkenscheiben, Zwiebeln, Chilis und Koriander in den Brötchen anrichten und mit Zitronenspalten und Chilisauce servieren.

Für diesen taiwanischen Imbiss wird der Bao-Teig köstlich gefüllt. Nach kurzem Braten und Dämpfen ist die Kombination perfekt: wolkig-leichter Teig, knuspriger Boden und eine würzige Fleischfüllung. Sie können den Teig auch einfach zu kleinen Bällchen formen und die schicken Falten (siehe Seite 117) weglassen, sie sind für den Geschmack nicht wichtig. Reichen Sie zu diesen Baozi eine mit ein wenig Chinkiang-Essig veredelte Chilisauce.

GEBRATENE UND GEDÄMPFTE BAOZI (SHENG JIAN BAO)

ERGIBT 16 MITTELGROSSE ODER 24 KLEINE BAOZI

VORBEREITUNG: 15 MINUTEN PLUS 1 STUNDE GEHEN

ZUBEREITUNG: 10 MINUTEN

Bao-Brötchenteig (siehe Seite 116) ohne Öl und Backpulver
2 EL Pflanzenöl

FLEISCHFÜLLUNG

1 EL frischer Ingwer, fein gehackt
1 Knoblauchzehe, gehackt
6 Frühlingszwiebeln, gehackt
75 g Wirsing, sehr fein gehackt
300 g Schweinehack
2 TL Shaoxing-Reiswein
3 TL Sojasauce
2 TL Maisstärke, plus Maisstärke zum Bestreuen

geröstete schwarze und/oder weiße Sesamsamen, fein gehackter Schnittlauch und geröstete Chiliflocken in Öl, abgetropft und mit Chinkiang-Essig verrührt (nach Belieben) oder Chilisauce zum Servieren

Den Teig wie im Rezept auf Seite 116 angegeben zubereiten, aber Öl und Backpulver weglassen. Wenn der Teig nicht sofort eine Kugel bildet, 1–2 Teelöffel Wasser hinzugeben. Den Teig nach dem Kneten in eine leicht geölte Schüssel legen und mit Frischhaltefolie abdecken. Je nach Raumtemperatur 1–2 Stunden gehen lassen, bis er sein Volumen verdoppelt hat.

Alle Zutaten für die Fleischfüllung in einer kleinen Schüssel miteinander vermengen.

Den Teig mit der Hand zusammendrücken und noch 5 Minuten kneten. Die Arbeitsfläche dünn mit Maisstärke bestreuen. Den Teig zu einer langen Rolle formen und in 16 Stücke schneiden (für kleine Teigtaschen in 24 Stücke).

Jedes Teigstück zu einem 10 cm großen Kreis ausrollen, in der Mitte dicker als am Rand. Aus Backpapier 16 (oder 24) kleine Quadrate zuschneiden.

Auf jedes Teigblatt 1 gehäuften Esslöffel der Füllung setzen. Den Teigrand in kleine Falten legen, sodass der Teig die Füllung rundum einschließt. Die Falten andrücken. Keine Sorge, wenn das nicht jedes Mal perfekt gelingt – das tut dem Geschmack keinen Abbruch! Die Baozi auf die Backpapierblätter setzen.

Das Öl bei mittlerer bis schwacher Hitze in einer großen oder zwei kleineren Pfannen mit Deckel erhitzen (notfalls kann man die Pfanne auch mit einem Backblech abdecken). Die Baozi mit etwas Abstand in die Pfanne setzen und 1–2 Minuten braten, bis die Unterseite leicht knusprig ist. 40 ml Wasser in jede Pfanne gießen und die Pfannen abdecken. Die Baozi 6–8 Minuten dämpfen und den Deckel abnehmen, sobald das Wasser verkocht ist. Wenn die Baozi ansetzen, etwas Sesamöl in die Pfanne geben. Die Unterseiten noch einige Minuten goldbraun braten, dann die Baozi herausnehmen. Mit Sesamsamen und Schnittlauch bestreuen und mit Chiliflocken oder -sauce servieren.

TIPP

Sie können die Baozi auf einem mit Backpapier ausgelegten und mit Maisstärke bestreuten Tablett bis zu 5 Stunden im Kühlschrank aufbewahren. Mit Backpapier abdecken und in Frischhaltefolie einschlagen. Vor dem Braten müssen sie wieder Zimmertemperatur annehmen.

GYOZA

1

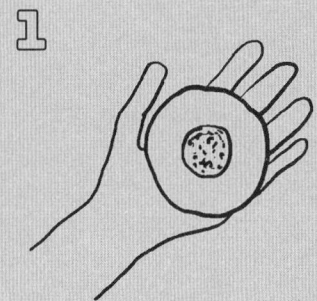

Auf das Teigblatt 1 Esslöffel Füllung geben.

+

2

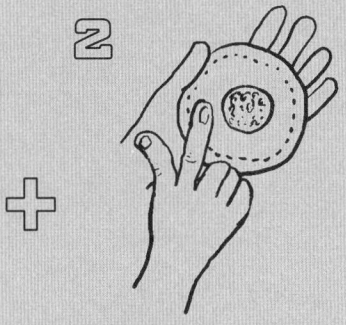

Den Teigrand mit dem Finger mit Wasser anfeuchten.

+

3

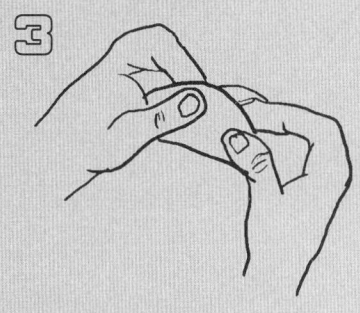

Den Teig über die Füllung schlagen und die Ränder in der Mitte zusammendrücken. Mit dem Zeigefinger auf einer Seite und dem Daumen auf der anderen den Rand in Falten legen.

4

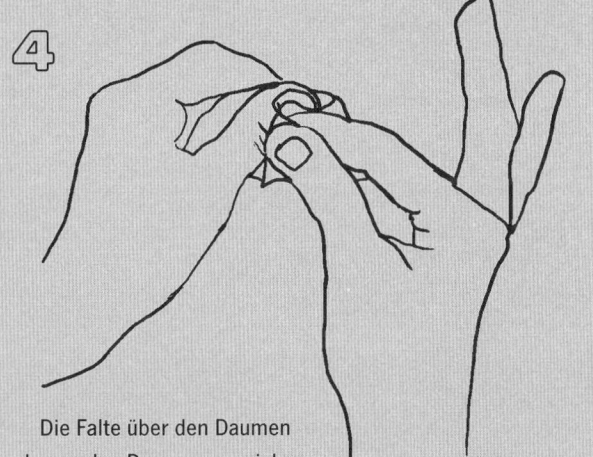

Die Falte über den Daumen legen, den Daumen wegziehen und die Falte gegen die andere Teighälfte drücken. Nur die Vorderseite wird gefältelt und an die Rückseite gedrückt. Von jeder Seite 3 Falten zur Mitte hin legen.

+

5

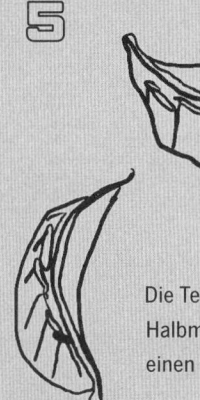

Die Teigtasche sollte wie ein Halbmond geformt sein und einen flachen Boden haben.

6

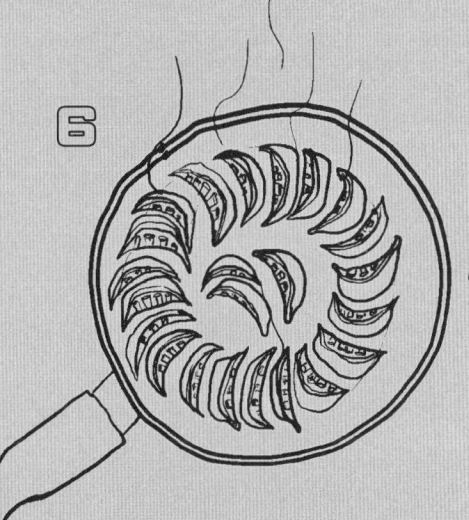

DIE GYOZA IN KONZENTRISCHEN KREISEN INS HEISSE ÖL SETZEN.

TEIGTASCHEN & BRÖTCHEN 129

Chinesische Jiaozi und japanische Gyoza sind gar nicht so verschieden: Die Teigtaschen werden in der Pfanne gebraten, kurz gedämpft und dann erneut von unten knusprig gebräunt. Sie können das Hähnchenfleisch durch Garnelen, Tofu oder Schweinehack ersetzen. Auf Seite 129 sehen Sie im Detail, wie man den Teig faltet. Wenn man es richtig macht, bleiben die Gyoza in der Pfanne aufrecht stehen.

HÄHNCHEN-SHIITAKE-GYOZA MIT ZITRONEN-MISO-DIP

ERGIBT 25–30 GYOZA
VORBEREITUNG: 45 MINUTEN
ZUBEREITUNG: 5 MINUTEN

300 g Hähnchenoberschenkel ohne Haut und Knochen
10 Shiitakepilze
8 Wasserkastanien, gehackt
3 EL helle Sojasauce
2 TL Ingwer, fein gehackt
1 TL Sake oder Mirin
6 Frühlingszwiebeln, fein gehackt
1 EL Maisstärke
schwarzer Pfeffer, frisch gemahlen
25–30 Gyoza-Teigblätter
1 EL Sesamöl

ZITRONEN-MISO-DIP
2 EL Shiro-Miso (weiße Misopaste)
2 EL Zitronensaft
2 TL Zucker
1 EL Ahornsirup
2 TL Sesamsamen, geröstet

Das Hähnchenfleisch in der Küchenmaschine in kurzen Intervallen fein hacken, dann in eine Schüssel geben. Die Stiele der Pilze entfernen und die Hüte fein hacken, dann mit Wasserkastanien, Sojasauce, Ingwer, Sake, Frühlingszwiebeln und Maisstärke in einer Schüssel vermengen. Mit etwas Pfeffer bestreuen und bis zur Verwendung kalt stellen.

Die Zutaten für den Zitronen-Miso-Dip miteinander verrühren und beiseitestellen.

Eine Schale mit Wasser und ein mit Backpapier ausgelegtes Tablett bereitstellen. Ein Teigblatt mit der bemehlten Seite nach unten auf die Handfläche legen und 1 Esslöffel der Füllung in die Mitte setzen. Den Teigrand mit einem Finger mit Wasser befeuchten. Den Teig über die Füllung schlagen und in der Mitte zusammendrücken. Die obere Lage von innen nach außen in Falten legen und an die Rückseite drücken. Auf diese Weise alle Gyoza füllen.

Eine große Pfanne mit Deckel bei mittlerer bis hoher Temperatur erhitzen. (Notfalls kann man zum Abdecken auch ein Backblech verwenden.) ½ Esslöffel Sesamöl hineingeben. Sobald das Öl heiß ist, die Pfanne vom Herd nehmen und die Gyoza in konzentrischen Kreisen hineinsetzen, sodass möglichst viele in die Pfanne passen. Die Pfanne zurück auf den Herd stellen und nach 2 Minuten, wenn die Teigtaschen von unten gebräunt sind, 40 ml Wasser dazugießen. Zudecken und 2 Minuten dämpfen, bis das Wasser fast vollständig verkocht ist, dann den Deckel abnehmen. Die Gyoza vom Pfannenboden losrütteln, dann den Rest des Öls hineingeben. Die Unterseite der Teigtaschen weitere 30 Sekunden knusprig braten, dann aus der Pfanne nehmen und mit dem Zitronen-Miso-Dip servieren.

TIPP

Kaufen Sie ruhig gleich eine größere Menge Teigblätter und frieren sie ein. So haben Sie sie jederzeit griffbereit. Vor der Verwendung einfach ungeöffnet 1 Stunde auf der Arbeitsfläche auftauen lassen und kalt stellen.

VOM SPIESS & GRILL

Wenn man große Garnelen grillt, steht man immer vor dem Dilemma, ob man sie nun auslöst oder nicht. Ohne die Schale sind sie viel einfacher zu essen, trocknen aber auch schneller aus. Ich stecke die Garnelen daher gerne mit einem Kaffirlimettenblatt über dem Rücken auf den Spieß. Das schützt sie beim Grillen und verleiht ihnen einen intensiven Limettengeschmack. Die Kokosmarinade hält die Garnelen saftig und liefert tropische Aromen.

GEGRILLTE KOKOS-INGWER-GARNELEN MIT PAPAYASALSA

FÜR 4 PERSONEN
VORBEREITUNG: 15 MINUTEN PLUS 4 STUNDEN MARINIEREN
ZUBEREITUNG: 5 MINUTEN

16 große rohe Garnelen
16 Kaffirlimettenblätter

KOKOSMARINADE
200 ml Kokosmilch
abgeriebene Schale und Saft von
 1 unbehandelten Limette
2 Kaffirlimettenblätter, fein gehackt
1 Stück frischer Ingwer (1 cm), gerieben
1 daumenlange rote Chilischote, in Ringe
 geschnitten
1 EL Fischsauce

PAPAYASALSA
1 große oder 2 kleine Papayas, gewürfelt
½ daumenlange Chilischote, gehackt
1 EL frische Minze, gehackt

Limettenspalten zum Servieren

Holzspieße 30 Minuten vor dem Grillen in Wasser legen.

Für die Marinade die Kokosmilch in einer kleinen Schüssel mit Limettenschale und -saft, den gehackten Limettenblättern, Ingwer, Chili und Fischsauce verquirlen. Beiseitestellen.

Von den Garnelen den Kopf abdrehen, die Schale bis auf die Schwanzflosse entfernen. Die Garnelen am Rücken entlang einschneiden und den dunklen Darm herausziehen.

Die Garnelen mit einem Kaffirlimettenblatt über dem Rücken auf Spieße stecken. In eine flache Schale legen und mit der Hälfte der Marinade übergießen. Vor dem Grillen bis zu 4 Stunden im Kühlschrank marinieren.

Die Papayawürfel für die Salsa in einer kleinen Schüssel mit Chili und Minze vermengen und beiseitestellen.

Den Holzkohlegrill anheizen oder die Grillpfanne erhitzen. Die Garnelen mit dem Limettenblatt nach unten 3–5 Minuten grillen, bis sie rosa sind und an den Rändern bräunen.

Die Garnelenspieße mit der restlichen Marinade, der Papayasalsa und Limettenspalten servieren. Mit gedämpftem Reis wird daraus ein Hauptgericht.

Auf den Nachtmärkten Bangkoks können Sie Ihrer Nase zu den Mu-Ping-Ständen folgen, wo man mariniertes Schweinefleisch auf Spieße fädelt, über Holzkohle grillt und mit einer Kokos-Palmzucker-Mischung glasiert. Die pikante Chilisauce (Jaew) sorgt für den unvergleichlichen Geschmack und ein frischer Papayasalat (siehe Seite 198) rundet das Ganze perfekt ab.

THAILÄNDISCHE SCHWEINE-FLEISCHSPIESSE MIT PALM-ZUCKERGLASUR & JAEW (MU PING)

FÜR 4 PERSONEN
VORBEREITUNG: 10 MINUTEN PLUS 2 STUNDEN MARINIEREN
ZUBEREITUNG: 10 MINUTEN

500 g Schweineschulter ohne Knochen
2 EL Palmzucker oder Rohrohrzucker
60 ml Kokosmilch
Pflanzenöl zum Einpinseln
schwarzer Pfeffer, frisch gemahlen

MARINADE
4 Knoblauchzehen
2 EL Korianderwurzeln oder -stiele, gehackt
2 TL weiße Pfefferkörner, zerstoßen
1 EL Austernsauce
2 EL Fischsauce
1 EL Sojasauce

CHILISAUCE (JAEW)
4 kleine Schalotten, gehackt
2 EL Koriander, gehackt
60 ml Fischsauce
75 ml Limettensaft
1 EL Palmzucker
1 EL rote Chiliflocken

Gurkenscheiben, Schalottenspalten und Korianderblätter zum Servieren

Holzspieße 30 Minuten vor dem Grillen in Wasser legen.

Für die Marinade Knoblauch und Koriander mit Pfeffer, Koriander, Austern-, Fisch- und Sojasauce im Mixer glatt pürieren (oder Knoblauch und Koriander von Hand fein hacken und mit den übrigen Zutaten verrühren).

Das Fleisch von überschüssigem Fett befreien, in 5 mm dünne Streifen schneiden und in einer flachen Schale (oder einem Gefrierbeutel) mit der Marinade übergießen. Die Marinade in das Fleisch einmassieren. Abgedeckt 2 Stunden oder über Nacht im Kühlschrank marinieren. Vor dem Grillen rechtzeitig aus dem Kühlschrank nehmen und auf Zimmertemperatur bringen.

Für die Glasur den Palmzucker mit der Kokosmilch verrühren. 1 Minute in der Mikrowelle oder in einem kleinen Topf auf dem Herd erhitzen, bis sich der Zucker vollständig gelöst hat.

Alle Zutaten für die Chilisauce miteinander verquirlen.

Das Schweinefleisch wellenförmig auf die Spieße stecken und die Streifen dabei dicht zusammenschieben. Den Holzkohlegrill oder eine Grillpfanne vorheizen. Das Fleisch von beiden Seiten mit Öl einpinseln und reichlich Pfeffer darübermahlen. Die Spieße 10 Minuten über direkter oder indirekter Hitze grillen. Da Schweineschulter marmoriert ist, sollte das Fett langsam ausbraten. Sobald das Fleisch gebräunt und fast gar ist, von beiden Seiten mit der Palmzuckerglasur einpinseln, wenden und erneut bepinseln.

Die fertigen Spieße mit der Chilisauce, Gurkenscheiben, Schalottenspalten und Korianderblättern servieren.

TIPP
Statt Schweineschulter können Sie auch Schweinefilet verwenden, und wer keine Lust hat, das Fleisch auf Spieße zu stecken, kann stattdessen auch einfach Schweinekoteletts auf diese Weise marinieren und dann grillen.

Ayam Penyet ist ein Gericht von der indonesischen Insel Java. Die Hähnchenkeulen werden mariniert, gekocht, weich geklopft und anschließend frittiert. Klingt nach viel Arbeit? Ist es auch! Deshalb hier meine vereinfachte Version, die mit weniger Aufwand denselben Geschmack erzielt. Die Zubereitung ist nicht authentisch, liefert aber die exotischen indonesischen Aromen – und das bei deutlich weniger Abwasch.

GEGRILLTE HÄHNCHENKEULE MIT GRÜNEM UND ROTEM SAMBAL

FÜR 4 PERSONEN
VORBEREITUNG: 30 MINUTEN PLUS 1 STUNDE MARINIEREN
ZUBEREITUNG: 20 MINUTEN

6 große Hähnchenkeulen

MARINADE
4 Stängel Zitronengras, nur das Innere
6 Knoblauchzehen
1 kleine Schalotte
30 g frischer Ingwer
1 TL Kurkuma, gemahlen
1 TL rote Chiliflocken
1 TL Koriander, gemahlen
60 ml helle Sojasauce

GRÜNES SAMBAL
3 daumenlange grüne Chilischoten
3 kleine Schalotten, ungeschält halbiert
2 Knoblauchzehen, ungeschält
1–2 EL Fischsauce
1 EL Zucker
20 g Korianderblätter
Saft von 2 Limetten

ROTES SAMBAL
2 EL Sambal Oelek (Chilisauce)
Saft von 2 Limetten
1 EL Reisessig
2 EL Rohrohrzucker
1 kleine Thai-Schalotte, gehackt

gehackte Schalotten und
  Korianderblätter zum Servieren

Für die Marinade das untere Drittel der Zitronengrasstängel fein hacken und im Mixer mit Knoblauch, Schalotte, Ingwer, Kurkuma, Chiliflocken, gemahlenem Koriander und Sojasauce pürieren. Die Hähnchenkeulen einer flachen Schale (oder einem Gefrierbeutel) mit der Marinade übergießen und mindestens 1 Stunde oder über Nacht im Kühlschrank marinieren. Aus der Marinade nehmen und trocken tupfen.

Für das grüne Sambal Chilischoten, Schalotten und Knoblauch in eine trockene Pfanne geben und in 10 Minuten rundherum kräftig rösten. Die heißen Chilis in einen Gefrierbeutel geben und 2 Minuten ruhen lassen. Dann die Haut abziehen und die Kerne entfernen. Knoblauch und Schalotten schälen und mit den gehäuteten Chilischoten, Fischsauce, Zucker und den Korianderblättern im Mixer grob pürieren. Den Limettensaft einrühren und das Sambal bei Bedarf mit etwas mehr Fischsauce abschmecken. In eine kleine Schüssel geben.

Alle Zutaten für das rote Sambal in einer kleinen Schüssel vermengen und beiseitestellen.

Den Holzkohlegrill oder eine Grillpfanne erhitzen. Die Hähnchenkeulen über indirekter schwacher Hitze 10 Minuten von jeder Seite grillen, bis sie an den Rändern goldbraun werden und die Haut knusprig wird.

Die gegrillten Hähnchenkeulen mit Schalotten und Koriander garnieren und mit grünem und rotem Sambal servieren. Dazu passt Reis.

Dicke Rippe vom Rind ist eine köstliche Alternative für die allseits bekannten und beliebten Spareribs vom Schwein. Das Fleisch ist sehr aromatisch aber auch recht fest und muss lange garen. Sobald sie zart sind, sind die Rippchen bereit für die würzige koreanische Chiliglasur und einen kurzen Aufenthalt auf dem Grill.

KOREANISCHE RINDERRIPPCHEN MIT SÜSS-SCHARFER BBQ-SAUCE

FÜR 4 PERSONEN
VORBEREITUNG: 15 MINUTEN
ZUBEREITUNG: 2–4 STUNDEN PLUS 10 MINUTEN GRILLEN

2 EL Pflanzenöl
4 Stück dicke Rippe vom Rind
6 Knoblauchzehen, geschält
1 Stück frischer Ingwer (3 cm), in Scheiben geschnitten
60 ml helle Sojasauce
60 ml Reis- oder Apfelessig
200 ml Ananassaft

MÖHRENSALAT
2 große Möhren, in dünne Streifen geschnitten
2 EL Reisessig
2 TL Zucker
2 TL Salz

KOREANISCHE BBQ-SAUCE
100 g Gochujang (koreanische Chilipaste) oder Miso und Sriracha-Sauce zu gleichen Teilen
60 ml Reisessig
30 ml Mirin (japanischer Reiswein)
2 EL Zucker
2 EL helle Sojasauce
1 EL Sesamsamen, geröstet

Schnelles koreanisches Gurkenpickle (siehe Seite 52), gedämpfter Reis und Kopfsalatblätter zum Servieren

Den Backofen auf 160 °C (140 °C Umluft) vorheizen.

In einem ofenfesten Topf mit Deckel oder in einem Schnellkochtopf 1 Esslöffel des Öls erhitzen. Das Fleisch rundherum scharf anbraten, dann herausnehmen. Knoblauch und Ingwer hineingeben und bei mittlerer Hitze 5 Minuten goldbraun anbraten, bis sie duften. Sojasauce, Essig und Ananassaft dazugießen und zum Kochen bringen. Das Fleisch wieder in den Topf geben.

Den Topf zudecken und für 2 Stunden in den Ofen stellen. Das Fleisch gelegentlich in der Sauce wenden. Alternativ kann man einen Slow Cooker verwenden und das 4-Stunden-Programm wählen.

Wer den Schnellkochtopf verwendet: Fest verschließen und das Fleisch bei hohem Druck 30 Minuten garen. Den Topf vom Herd nehmen und unter kaltem Wasser abkühlen, bis der Druck abgebaut ist. Das Fleisch mit einer Gabel einstechen. Ist es noch zu fest, den Topf wieder verschließen und für weitere 10 Minuten auf den Herd stellen. Größere Rippenstücke benötigen unter Umständen etwas länger.

Wenn das Fleisch gar ist, die Sauce wegschütten und größere Fettstücke entfernen. Sie können das Fleisch bis zu diesem Punkt vorbereiten und über Nacht im Kühlschrank kalt stellen. Vor dem Grillen alle Fettreste entfernen und das Fleisch auf Zimmertemperatur kommen lassen.

Für den Möhrensalat die Möhrenstreifen in einer Schüssel mit den übrigen Zutaten bedecken. Gründlich vermischen und bis zum Servieren im Kühlschrank kalt stellen.

Alle Zutaten für die koreanische BBQ-Sauce in einer Schüssel verquirlen und beiseitestellen.

Kurz vor dem Servieren den Holzkohlegrill oder eine Grillpfanne erhitzen. Das Fleisch mit dem restlichen Öl einpinseln. Über direkter Hitze 10 Minuten bräunen. Mit der BBQ-Sauce einpinseln und grillen, bis die Ränder schön dunkel sind.

Das Fleisch mit dem Möhrensalat, eingelegten Gurken, gedämpftem Reis und Salatblättern servieren.

GRILLEN WIE EIN PROFI

WAS IST BESSER – KOHLE ODER GAS?
ANTWORT

HOLZKOHLE

– KRÄFTIGERE RAUCHAROMEN
– STÄRKERE HITZE
– INTENSIVERE RÖSTUNG

In einem großen, tiefen Grill gibt es weniger Stichflammen.

Klassische Holzkohle ist am besten – sie brennt heiß und lange und ist preiswert.

Die Kohle mit einem Anzündkamin zum Glühen bringen – nicht mit flüssigem Grillanzünder.

Den Grillrost vor dem Grillen gründlich mit der Bürste säubern.

Warten, bis die Flammen erlöschen, und über der Glut grillen.

Zum Grillen über indirekter Hitze eine Schale unterstellen.

Das Fleisch nicht zu häufig wenden – erst von einer Seite fertig grillen, dann umdrehen.

Das Fleisch auf dem Grill niemals allein lassen!

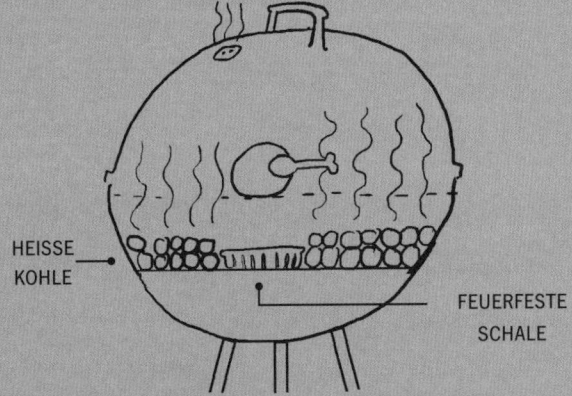

HEISSE KOHLE

FEUERFESTE SCHALE

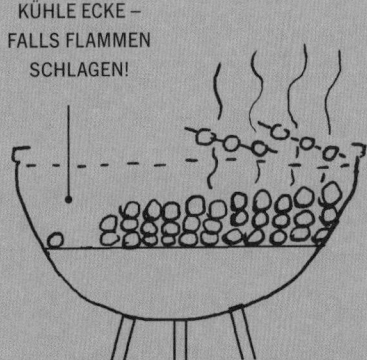

KÜHLE ECKE – FALLS FLAMMEN SCHLAGEN!

INDIREKT
LANGSAM & NIEDRIGE TEMPERATUR
GESCHLOSSENER GRILL

RIPPCHEN
SPIESSE MIT SCHWEINEBAUCH
CHICKEN WINGS
HÄHNCHENTEILE MIT KNOCHEN
GROSSE FLEISCHSTÜCKE

DIREKT
PERFEKTE GRILLSTREIFEN
OFFENER GRILL

STEAKS
SCHWEINE- ODER RINDERFILET
GEFLÜGELSPIESSE
GRILLGEMÜSE
GANZER FISCH

Hier kommt meine Version der japanischen BBQ-Sauce, die nur so vor Umami strotzt. Wie bei allen köstlichen Rippchen funktioniert auch hier der Trick für unwiderstehlichen Genuss: Die Fleischstücke werden zuerst langsam geschmort oder gegart bis das Fleisch zart ist. Anschließend werden sie auf dem Grill rasch knusprig gebraten.

SPARERIBS mit MISOGLASUR

FÜR 4 PERSONEN
VORBEREITUNG: 10 MINUTEN
ZUBEREITUNG: 1 STUNDE 15 MINUTEN

3 Rippenstücke vom Schwein (Spareribs) in je zwei Stücke geteilt
1 Zwiebel, geviertelt
2 EL Pflanzenöl
Meersalz
schwarzer Pfeffer, frisch gemahlen

MISOGLASUR
150 ml Tamarindenpaste
2 Knoblauchzehen, zerdrückt
60 ml Mirin (japanischer Reiswein)
60 ml Reisessig
4 EL Miso
3 EL helle Sojasauce
1 EL Honig
2 EL Chilisauce
2 EL Sesamsamen, geröstet

Korianderblätter und in Ringe geschnittene grüne Chilischoten zum Servieren

In einem großen Topf Wasser zum Kochen bringen. Die Rippenstücke und die Zwiebel hineingeben. Die Temperatur reduzieren und ca. 1 Stunde (bei Bedarf etwas länger) garen, bis das Fleisch zart ist. Abgießen und trocken tupfen.

Für die Misoglasur die Tamarindenpaste in einer kleinen Schüssel mit Knoblauch, Mirin, Reisessig, Miso, Sojasauce, Honig, Chilisauce und Sesamsamen vermengen.

Den Holzkohlegrill oder eine Grillpfanne vorheizen. Die Rippchen mit dem Öl einpinseln und großzügig mit Salz und Pfeffer würzen. Über schwacher, direkter Hitze grillen, bis die Ränder knusprig werden und das Fleisch zu bräunen beginnt. Die Oberseite mit Glasur einpinseln und nach 5 Minuten wenden. Weiter glasieren, bis die Rippchen rundum golden und glänzend sind.

Die Rippchen mit Korianderblättern und grünen Chiliringen bestreut servieren. Den Rest der Glasur als Dipp dazureichen.

TIPP

Verwenden Sie hier einfach Ihre Lieblings-Chilisauce: Sriracha, Toban Djan oder eine chinesische Chilisauce – sie alle passen gut dazu.

Wenn es um Saucen und Glasuren geht, verwende ich gern Tamarinde. Sie ist fast kalorienfrei, und von ihrem süßsauren Geschmack bekomme ich nie genug. In Bangkok entdeckte ich Naam Jim Jaew, eine Chili-Knoblauch-Tamarindensauce, die zu Kai-Yang-Hähnchen serviert wird. Sie passt gut zu gegrilltem Fleisch, Fisch und Gemüse. Grillt man den Lachs auf der Haut, trocknet er nicht aus.

GEGRILLTER LACHS MIT TAMARINDENSAUCE

FÜR 4 PERSONEN
VORBEREITUNG: 10 MINUTEN
ZUBEREITUNG: 15 MINUTEN

1 EL Pflanzenöl
750 g–850 g Lachsfilet mit Haut
2 daumenlange rote Chilischoten, in feine Streifen geschnitten
1 Handvoll frische Minze- und Korianderblätter
2 Thai-Schalotten, in Spalten geschnitten

TAMARINDENSAUCE
4 Knoblauchzehen, fein gehackt
200 ml Tamarindenpüree
4 EL Fischsauce
2 TL rote Chiliflocken
4 EL Palmzucker
4 TL helle Sojasauce

gedämpfter Reis zum Servieren

Für die Tamarindensauce das Öl in einem kleinen Topf erhitzen und den Knoblauch darin in 2–3 Minuten goldgelb anbraten. Die Tamarindenpaste, 100 ml Wasser, Fischsauce, Chiliflocken, Zucker und Sojasauce hinzugeben und alles 5 Minuten köcheln lassen, dann vom Herd nehmen.

Den Holzkohlegrill oder die Grillpfanne vorheizen. Ein paar Esslöffel der Tamarindensauce über den Fisch geben und mit ein paar Chiliringen bestreuen.

Den Lachs mit der Haut nach unten über schwacher, direkter Hitze und mit geschlossenem Deckel (beim Holzkohlegrill) 7–8 Minuten grillen. Der Lachs sollte in der Mitte noch leicht rosa und saftig sein. Keine Angst, wenn die Haut ein wenig am Grill ansetzt. Sie wird sowieso vor dem Servieren entfernt.

Die Haut abziehen und den Lachs auf eine Servierplatte legen. Mit den restlichen Chiliringen, den frischen Kräutern und Schalottenspalten bestreuen. Mit der restlichen Tamarindensauce und gedämpftem Reis servieren.

TIPPS

Andere festfleischige Fischarten, wie Schwertfisch, Seeteufel oder Heilbutt, eignen sich ebenso gut.

Servieren Sie den Lachs mit einem frischen Salat aus Gurken und kleinen Schalotten, angemacht mit 1 Schuss Reisweinessig und 1 Prise Meersalz.

Satay ist das Nationalgericht Thailands, Singapurs und Malaysias und weltweit eines der beliebtesten asiatischen Gerichte. Leider besteht es allzu oft nur aus trockenen Hähnchenstreifen mit einer faden Erdnusssauce. Diese köstliche Variante, die auch Sie hoffentlich überzeugt, habe ich in einer Grillhütte am Strand von Bali gegessen. Am besten eignen sich Hähnchenoberschenkel, da sie beim Grillen wunderbar saftig bleiben.

WELTBESTES HÄHNCHEN-SATAY (SATAY AYAM)

FÜR 4 PERSONEN
VORBEREITUNG: 30 MINUTEN PLUS 1 STUNDE MARINIEREN
ZUBEREITUNG: 20 MINUTEN

400 g Hähnchenfleisch ohne Haut und Knochen
Pflanzenöl zum Einpinseln

MARINADE
2 Knoblauchzehen
2 TL Koriander, gemahlen
2 TL Kurkuma, gemahlen
2 TL mildes Chilipulver
1 EL Palmzucker oder Rohrohrzucker
2 EL Limettensaft
2 EL Kecap Manis (süße Sojasauce)

SATAYSAUCE
50 g geröstete gesalzene Erdnüsse
3 TL Pflanzenöl
1 Knoblauchzehe, gerieben
60 ml Kecap Manis oder dunkle Sojasauce
2 EL Tamarindenpaste
2 EL Fischsauce
Saft von 2 Limetten
3 EL Palmzucker oder Rohrohrzucker
1 EL Sambal Oelek (indonesische Chilisauce)

Gurkenscheiben und rote Zwiebelspalten zum Servieren

Holzspieße 30 Minuten vor dem Grillen in Wasser legen.
Für die Marinade den Knoblauch im Mixer mit Koriander, Kurkuma, Chilipulver, Zucker, Limettensaft und Kecap Manis pürieren.

Das Hähnchenfleisch in maximal 1 cm dicke Streifen schneiden. In einer flachen Schale oder einem Gefrierbeutel mit der Marinade übergießen. Die Marinade ins Fleisch einmassieren und das Fleisch 1 Stunde oder über Nacht im Kühlschrank marinieren. Die Hähnchenstreifen wellenförmig auf Holz- oder Metallspieße stecken.

Die Erdnüsse für die Sataysauce im Mixer in kurzen Intervallen mit 60 ml Wasser fein pürieren.

Das Öl in einem mittelgroßen Topf erhitzen und den Knoblauch darin unter häufigem Rühren 2 Minuten goldgelb anbraten. Das Erdnuspüree und die übrigen Zutaten für die Sauce hinzugeben. Ist die Sauce zu dick, noch etwas Wasser einrühren. Die Sauce bei mittlerer Hitze 10 Minuten köcheln lassen, dann vom Herd nehmen und in eine Schüssel füllen.

Den Holzkohlegrill oder eine Grillpfanne erhitzen. Das Hähnchenfleisch abtropfen lassen, mit Öl einpinseln und über mittlerer direkter Hitze 2–3 Minuten grillen oder in der Pfanne braten.

Die Spießchen mit der Sataysauce, Gurken und Zwiebelspalten servieren. Mit gedämpftem Reis oder Klebreis wird daraus ein gehaltvoller Hauptgang.

TIPP
Wer kein Sambal Oelek zur Hand hat, kann es durch eine andere Chilisauce oder eine fein gehackte rote Chilischote ersetzen.

Kecap Manis, die süße indonesische Sojasauce, ist sehr vielseitig. Sie wird aus vergorenen schwarzen Sojabohnen und Palmzucker hergestellt und bringt Noten von Sternanis und Zimt mit. Kecap Manis eignet sich nicht nur für Reis- und Nudelgerichte, sondern auch als Dip. Mit Limettensaft oder Reisessig wird daraus ein erfrischendes Dressing.

GEGRILLTE AUBERGINE MIT SÜSSEM SOJA-LIMETTEN-DRESSING

FÜR 4 PERSONEN
VORBEREITUNG: 20 MINUTEN PLUS 30 MINUTEN KÜHLEN
ZUBEREITUNG: 15 MINUTEN

3 kleine bis mittelgroße Auberginen
3–4 EL Pflanzenöl
Meersalz
schwarzer Pfeffer, frisch gemahlen
1 Frühlingszwiebel, in feine Streifen geschnitten
1 daumenlange rote Chilischote, in feine Streifen geschnitten
3 EL geröstete Erdnüsse, fein gehackt
1 kleine Handvoll Korianderblätter, gehackt

SOJA-LIMETTEN-DRESSING
60 ml Kecap Manis (süße Sojasauce)
1 daumenlange rote Chilischote, gehackt
1 Knoblauchzehe, fein gehackt
2 TL frischer Ingwer, fein gehackt
Saft von 2 Limetten
1 EL Zucker

Die Auberginen in dicke Scheiben schneiden und mit Öl einpinseln. Jede Scheibe auf einer Seite mit einem Messer kreuzweise leicht einschneiden, damit sie schneller gart. Mit Salz und Pfeffer würzen.

Den Holzkohlegrill oder eine Grillpfanne erhitzen und die Auberginen von jeder Seite etwa 2 Minuten grillen, bis Grillstreifen sichtbar werden. Auf einen Teller legen.

Frühlingszwiebel- und Chilistreifen in feuchtes Küchenpapier einschlagen und 30 Minuten im Kühlschrank knackig werden lassen.

Alle Zutaten für das Soja-Limetten-Dressing in einer Schüssel verquirlen, bis der Zucker aufgelöst ist.

Die Auberginenscheiben mit dem Soja-Limetten-Dressing übergießen. Mit Frühlingszwiebeln und Chilis garnieren und mit gehackten Erdnüssen und Koriander bestreut servieren.

In der Provinz Xinjiang, dem Uigurischen Autonomen Gebiet an der Grenze zur Mongolei, verschmelzen asiatische Aromen mit nahöstlichen Einflüssen, und Lammfleisch erfreut sich großer Beliebtheit. Dieses Rezept stammt zwar aus einer entlegenen chinesischen Provinz, die köstlichen Lammkotelets sind aber in den Straßenküchen landesweit beliebt.

LAMM AUS XINJIANG MIT WÜRZKRUSTE UND GURKENSTÜCKEN

FÜR 4 PERSONEN
VORBEREITUNG: 10 MINUTEN PLUS 30 MINUTEN MARINIEREN
ZUBEREITUNG: 5 MINUTEN

2 Lammkarrees mit freigelegten Rippenknochen
6 kleine Salatgurken

MARINADE
2 Knoblauchzehen, zerdrückt
1 EL helle Sojasauce
1 EL Sesamöl
1 EL Shaoxing-Reiswein

GEWÜRZKRUSTE
1 EL Fenchelsamen
1 EL Kreuzkümmelsamen
1 EL Szechuan-Pfefferkörner
1 EL rote Chiliflocken

SESAMSAUCE
2 Knoblauchzehen, fein zerdrückt
2 EL Zucker
2 EL helle Sojasauce
2 EL Chinkiang-Essig oder heller Reisessig
2 EL geröstete Chiliflocken in Öl, abgetropft
1 EL Sesamsamen, geröstet

Den Fettdeckel und überschüssiges Fett von den Rippenknochen des Lammkarrees entfernen und die Karees in einzelne Koteletts schneiden.

Für die Marinade den Knoblauch in einer flachen Schale mit Sojasauce, Sesamöl und Reiswein vermengen. Die Marinade in die Koteletts einmassieren. Das Fleisch abgedeckt 30 Minuten oder über Nacht im Kühlschrank marinieren.

Für die Gewürzkruste Fenchelsamen, Kreuzkümmel und Pfefferkörner in einem kleinen Topf bei mittlerer Hitze 1 Minute rösten. Dann im Mörser grob zerstoßen und mit den Chiliflocken vermengen. Die Mischung auf einen großen Teller geben und die Koteletts darin wenden, bis sie von beiden Seiten bedeckt sind. Bis zum Grillen im Kühlschrank kalt stellen.

Alle Zutaten für die Sesamsauce in einer kleinen Schüssel vermengen.

Die Gurken auf ein Schneidebrett legen, die Enden abschneiden. Leicht mit einem Nudelholz daraufschlagen, sodass sie in Stücke zerbrechen. In eine Schüssel geben, mit 1–2 Esslöffeln Sesamsauce übergießen und vermischen. Die restliche Sauce beiseitestellen.

Den Holzkohlegrill oder eine Grillpfanne erhitzen und die Lammkoteletts 1–2 Minuten von jeder Seite über direkter Hitze grillen. Mit den Gurken und der Sesamsauce als Dip servieren.

In der Bergregion um die japanische Stadt Takayama, die für Sake und ihre Rinder berühmt ist, entdeckte ich das Wunder von gegrilltem Rindfleisch mit Miso. Die Weiderinder hier liefern das berühmte, stark marmorierte Hida-Fleisch, und die örtlichen Restaurants grillen es mit nussigem Miso und Chilipaste. Davon inspiriert probiere ich die Misomarinade mit anderen Fleischsorten wie Schweinekoteletts aus – ein Volltreffer.

SCHWEINEKOTELETTS MIT MISO UND KUMQUAT-MIZUNA-SALAT

FÜR 4 PERSONEN
VORBEREITUNG: 10 MINUTEN PLUS 30 MINUTEN MARINIEREN
ZUBEREITUNG: 10 MINUTEN

4 große Schweinekoteletts am Knochen
Pflanzenöl zum Einpinseln

MARINADE
2 EL Miso
2 TL helle Sojasauce
2 EL Reisessig
1 EL Honig
2 EL scharfe Chilisauce

KUMQUAT-MIZUNA-SALAT
100 g Mizunablätter oder Rucola
1 Schalotte, in dünne Scheiben geschnitten
4 Kumquats
2 TL Sesamsamen, geröstet
1 EL Yuzusaft
1 TL Sesamöl

Für die Marinade die Misopaste in einer kleinen Schüssel mit Sojasauce, Reisessig, Honig und Chilisauce verrühren. Die Schweinekoteletts von beiden Seiten mit Marinade einpinseln, den Rest als Dip aufbewahren. Die Koteletts zugedeckt 30 Minuten oder über Nacht im Kühlschrank marinieren.

Für den Salat die Mizunablätter mit den Schalotten in einer Schüssel vermischen. Die Kumquats halbieren, Fruchtfleisch und Kerne herausdrücken, den Rest in dünne Ringe schneiden und unter den Salat heben. Mit Sesamsamen bestreuen. Den Yuzusaft mit dem Sesamöl verquirlen und den Salat kurz vor dem Servieren damit vermischen.

Den Holzkohlegrill oder eine Grillpfanne erhitzen. Die Koteletts abtropfen lassen und mit Öl einpinseln. Je nach Dicke 3–4 Minuten von jeder Seite grillen. Auf einem Teller mit Alufolie abgedeckt 5 Minuten ruhen lassen.

Die Koteletts mit dem Salat und der restlichen Marinade zum Dippen servieren.

Diese Tacos mit „Feuerfleisch" (Bulgogi), Chilimayonnaise und Kimchi-Salat werden Ihren Horizont in Sachen Fusion-Küche erweitern. Eigentlich mag ich es lieber traditionell, aber diese Kombination ist einfach zu köstlich. Roy Choi, der geniale Kopf hinter Kogi Korean BBQ in Los Angeles, ist der Urheber dieses Rezepts. Er hat mit seinen Food Trucks die weltweite Streetfood-Revolution mitausgelöst.

TACOS MIT BULGOGI UND KIMCHI-SALAT

FÜR 4 PERSONEN
VORBEREITUNG: 20 MINUTEN PLUS 30 MINUTEN MARINIEREN
ZUBEREITUNG: 15 MINUTEN

700 g Rinderhoch- oder Querrippe oder Skirt Steak (Saum- oder Kronfleisch)
8 Maistortillas
Pflanzenöl zum Einpinseln
schwarzer Pfeffer, frisch gemahlen

MARINADE
4 Knoblauchzehen
1 Stück frischer Ingwer (3 cm)
2 EL Sesamöl
2 EL Zucker
2 EL helle Sojasauce
1 EL Gochugaru (koreanische Chiliflocken)

CHILIMAYONNAISE
1 EL Gochujang oder Sriracha-Sauce
1 EL Limettensaft
2 EL Mayonnaise (am besten japanische Kewpie-Mayonnaise)

½ Rezeptmenge Kimchi-Salat (siehe Seite 100) zum Servieren

Alle Zutaten für die Mayonnaise in einer kleinen Schüssel vermengen und beiseitestellen.

Für die Marinade den Knoblauch und den Ingwer im Mixer mit Sesamöl, Zucker, Sojasauce und Chiliflocken glatt pürieren. Das Fleisch in einer flachen Schale oder einem Gefrierbeutel mit der Marinade übergießen und zugedeckt 30 Minuten oder über Nacht im Kühlschrank marinieren.

Den Backofen auf 200 °C (180 °C Umluft) vorheizen. Die Tortillas in ein dünnes Küchentuch und Alufolie einschlagen und im Ofen erwärmen. Alternativ kann man sie auch kurz in der Grillpfanne erhitzen.

Den Holzkohlegrill oder eine Grillpfanne vorheizen. Das Fleisch trocken tupfen. Rundherum mit Öl einpinseln und mit Pfeffer bestreuen. Das Fleisch über direkter Hitze 2 Minuten von jeder Seite grillen. Auf einem Schneidebrett 5 Minuten ruhen lassen, dann in Streifen schneiden.

Die Tacos mit ein wenig Mayonnaise bestreichen, mit Fleisch füllen und reichlich Kimchi-Salat dazugeben.

TIPPS

Für Galbi, das koreanische Barbecue, schneidet man das Fleisch der Querrippe gern in dünnen Streifen parallel zum Knochen ab. Wer kein Gochugaru zur Hand hat, kann es durch 2 Teelöffel rote Chiliflocken ersetzen.

In den meisten Chinatowns der Welt sieht man dieses glänzende rote Fleisch an Haken im Schaufenster hängen. Es kommt mit gekochtem oder gebratenem Reis auf den Tisch oder auch in Teigtaschen. Char Sui verdankt seine leuchtend rote Farbe und seinen Glanz einer Marinade mit fermentiertem Tofu und Malzzucker. Da einige der traditionellen Zutaten schwer zu finden sind, habe ich eine einfachere, aber genauso köstliche Version für den Grill entwickelt.

GEGRILLTES GLASIERTES SCHWEINEFLEISCH (CHAR SUI)

FÜR 4 PERSONEN
VORBEREITUNG: 10 MINUTEN PLUS 4 STUNDEN MARINIEREN
ZUBEREITUNG: 25 MINUTEN

2 Schweinefilets
3 Knoblauchzehen, zerdrückt
1 EL frischer Ingwer, gerieben
150 ml Hoisin-Sauce
3 EL Austernsauce
1 EL dunkle Sojasauce
1 EL Sriracha-Sauce oder andere scharfe Chilisauce
2 TL Fünf-Gewürze-Pulver
3 EL Honig

gedämpfter Reis oder Gebratener Reis mit XO-Sauce (siehe Seite 192), Eingelegte Gurken mit Ingwer (siehe Seite 53) und gedämpftes Blattgemüse zum Servieren

Das Fleisch in einen Gefrierbeutel geben. Alle übrigen Zutaten bis auf 2 Esslöffel Honig in einer Schüssel verrühren. Zum Fleisch in den Beutel geben und diesen verschließen. Mindestens 4 Stunden oder über Nacht im Kühlschrank marinieren.

Den Holzkohlegrill oder eine Grillpfanne erhitzen. Den Grill für indirektes Grillen vorbereiten: eine Auffangschale in die Mitte unter den Rost setzen und die Kohle rundherum verteilen.

Das Fleisch aus dem Beutel nehmen und die Marinade in eine Schüssel füllen. Die Schweinefilets auf den Grillrost über die Auffangschale legen und mit der Marinade einpinseln. Nach 5 Minuten wenden und die andere Seite glasieren. So etwa 20 Minuten fortfahren, bis das Fleisch rundum glänzt und an den Rändern dunkel wird. Etwa 10 Minuten vor Ende der Garzeit die Filets rundum mit dem restlichen Honig bestreichen.

Auf einem Schneidebrett mit Alufolie abgedeckt 5 Minuten ruhen lassen, dann aufschneiden.

Mit gedämpftem Reis, gebratenem Reis mit XO-Sauce, den Gurken und dem Gemüse servieren.

Ein erstklassiges Steak braucht nicht viel Drumherum, darum ist eine einfache Teriyakiglasur die perfekte Begleitung (siehe Foto Seite 142). Die klassische japanische Grillmarinade schmeckt köstlich zu Fleisch, Fisch und Tofu. Mit einem Tomatensalat (siehe Seite 87) und neuen Kartoffeln ein wunderbares Essen, das kaum Arbeit macht.

T-BONE-STEAK MIT TERIYAKIGLASUR

FÜR 4 PERSONEN
VORBEREITUNG: 10 MINUTEN PLUS
2 STUNDEN MARINIEREN
ZUBEREITUNG: 10 MINUTEN

2 T-Bone- oder Sirloinsteaks
1 Knoblauchzehe
Meersalz
1 EL Sesamöl
schwarzer Pfeffer, frisch gemahlen
1 EL Shichimi Togarashi

TERIYAKIGLASUR
75 ml japanische Sojasauce
75 ml Mirin (japanischer Reiswein)
75 ml Sake
2 EL Zucker
Saft von 3 Zitronen

Zitronenviertel und Tomatensalat (siehe Seite 87) zum Servieren

Alle Zutaten für die Teriyakiglasur in einem kleinen Topf vermengen.

Die Steaks mit 3 Esslöffeln der Teriyakiglasur in einen Gefrierbeutel geben, gut verschließen und 2 Stunden oder über Nacht im Kühlschrank marinieren.

Die restliche Teriyakiglasur zum Kochen bringen und bei schwacher Hitze rund 5 Minuten köcheln lassen, bis sie sirupartig eindickt. Abkühlen lassen.

Den Holzkohlegrill oder eine Grillpfanne erhitzen. Die Steaks aus der Marinade nehmen und die Flüssigkeit wegschütten. Den Knoblauch mit etwas Salz zu einer Paste zerstoßen. Die Steaks mit Küchenpapier trocken tupfen, mit Öl einpinseln und mit der Knoblauchpaste und reichlich Pfeffer würzen.

Die Steaks auf den Grill legen und über direkter Hitze von jeder Seite 2–3 Minuten garen, dabei mit Teriyakiglasur einpinseln und zum Schluss mit Shichimi Togarashi bestreuen.

Die Steaks vom Grill nehmen, mit Alufolie abdecken und 5 Minuten ruhen lassen. Mit Zitronenspalten, Tomatensalat und Pellkartoffeln servieren.

Mit thailändischen Pasten und Würzsaucen hat man schnell ein Abendessen gezaubert. Gelbe Currypaste hat einen herrlich frischen Zitronengrasgeschmack und verleiht den Fischpäckchen reichlich Geschmack. Tom-Yum-Paste, Nam-Prik oder rote Currypaste eignen sich ebenso gut. Etwas gedämpfter Reis und Gemüse dazu – mehr braucht man nicht.

KOKOS-FISCHPÄCKCHEN MIT MANGO-SALSA

FÜR 4 PERSONEN
VORBEREITUNG: 10 MINUTEN
ZUBEREITUNG: 20 MINUTEN

4 dicke, festfleischige Fischfilets (à 200 g)
4 TL gelbe oder rote Currypaste
4 TL Fischsauce
100 ml Kokosnuss-Creme
4 EL geröstete Kokosraspel

CHILISAUCE
150 ml Reisessig
150 g Zucker
2 TL rote Chiliflocken
Saft von 1 Limette
1 EL Fischsauce

MANGOSALSA
2 kleine reife, aber feste Mangos, gewürfelt
3 kleine Schalotten, in dünne Streifen geschnitten
1 kleine Handvoll Koriander, gehackt

Limettenspalten und Korianderblätter zum Garnieren
4 große, quadratische Bananenblätter (25 cm) zum Einwickeln (oder Alufolie)

Für die Chilisauce den Essig und den Zucker in einem kleinen Topf zum Kochen bringen. 5 Minuten reduzieren, dann vom Herd nehmen. Chiliflocken, Limettensaft und Fischsauce einrühren, die Sauce abkühlen lassen und in eine Schale füllen.

Alle Zutaten für die Mangosalsa in einer kleinen Schüssel vermengen und beiseitestellen.

Die Bananenblätter kurz über der offenen Flamme des Gasherds oder auf einer heißen Herdplatte erhitzen, sodass sie sich besser falten lassen. Wenn Alufolie verwendet wird, für jedes Päckchen 2 Blätter Folie aufeinanderlegen.

Den Fisch in die Mitte des Bananenblatts oder der Folie setzen. Currypaste, Fischsauce und Kokosnuss-Creme in einer Schüssel vermengen. Den Fisch rundum damit einpinseln und mit den gerösteten Kokosraspeln bestreuen.

Bei der Alufolie Ober- und Unterkante über dem Fisch locker zusammenlegen, zweimal umschlagen, dann die Außenkanten zweimal nach innen falten. Die Päckchen nicht zu eng um den Fisch falten, es sollte genügend Platz sein, in dem sich Dampf entwickeln kann. Bei den Bananenblättern die Unterkante über den Fisch legen, dann die Oberkante umschlagen. Die Seiten darüberfalten und mit einem Zahnstocher feststecken. Der Fisch kann bis zu 8 Stunden vor dem Grillen eingewickelt und im Kühlschrank kalt gestellt werden.

Den Holzkohlegrill anheizen. Die Fischpäckchen über mittlerer direkter Hitze etwa 12 Minuten grillen, dann vom Grill nehmen.

Den Fisch mit Limettenspalten und Korianderblättern garnieren und mit Chilisauce und Mangosalsa servieren.

TIPPS

Andere festfleischige Fischarten, wie Heilbutt, Lachs oder Seeteufel, eignen sich ebenso gut.

Ein paar im Päckchen unter den Fisch gelegte Kaffirlimettenblätter sorgen für eine schöne Zitrusnote. Ich habe immer ein paar im Tiefkühlfach.

EINTÖPFE & CURRYS

Auf einem geschäftigen Markt in Kuala Lumpur drehten sich solche kleinen Hähnchen am Spieß, bis sie wie eine lackierte Kostbarkeit glänzten. Die Betreiberin des Standes servierte sie auf Duftreis mit etwas Soja-Chili-Sauce und Gurken. Ich beschloss sofort, das zu Hause nachzukochen. Stubenküken eignen sich hier am besten, da ihr Fleisch schön saftig bleibt.

STUBENKÜKEN MIT KOKOSGLASUR UND ZITRONENGRAS

FÜR 4 PERSONEN
VORBEREITUNG: 10 MINUTEN PLUS 2 STUNDEN MARINIEREN
ZUBEREITUNG: 1 STUNDE 15 MINUTEN

6 Stängel Zitronengras
8 Kaffirlimettenblätter, 3 davon fein gehackt
2 Knoblauchzehen
3 EL Fischsauce
3 EL Palmzucker oder Rohrohrzucker
2 EL Koriander, gehackt
4 Stubenküken
75 ml Kokosnuss-Creme
abgeriebene Schale von 2 unbehandelten Limetten

SÜSS-SCHARFE SAUCE
3 EL Sambal Oelek (indonesische Chilisauce)
2 kleine Schalotten, gewürfelt
2 EL Kecap Manis (süße Sojasauce)
Saft von 2 Limetten

gedämpfter Reis zum Servieren

Vom Zitronengras die äußeren Blätter entfernen und beiseitelegen, das Innere fein hacken. Für die Marinade das gehackte Zitronengras im Mixer mit den gehackten Kaffirlimettenblättern, Knoblauch, Fischsauce, 1 Esslöffel des Zuckers und dem Koriander fein pürieren.

Die Stubenküken in eine flache Schale oder einen Gefrierbeutel legen, mit der Marinade übergießen und die Marinade einmassieren. Abgedeckt einige Stunden bei Zimmertemperatur oder über Nacht im Kühlschrank marinieren.

Den Backofen auf 190 °C (Umluft 170 °C) vorheizen. Die Stubenküken abtropfen lassen und auf ein mit Alufolie ausgelegtes Backblech oder in eine ofenfeste Form setzen. In die Bauchhöhle der Stubenküken die Zitronengrasreste und die ganzen Limettenblätter füllen.

Die Kokosnuss-Creme mit dem restlichen Zucker und der Limettenschale verrühren. In der Mikrowelle oder auf dem Herd 1 Minute erhitzen, bis der Zucker aufgelöst ist. Die Stubenküken damit einpinseln und 10 Minuten braten lassen, dann erneut einpinseln. So lange wiederholen, bis die Glasur schön glänzt.

Den Gargrad der Stubenküken nach 1 Stunde und 15 Minuten testen. Sticht man die Haut nahe einer Keule ein, sollte klarer Saft austreten. Ansonsten die Stubenküken weitere 15 Minuten braten.

Alle Zutaten für die süß-scharfe Sauce in einer Schüssel verquirlen und beiseitestellen.

Die Stubenküken mit gedämpftem Reis und der Sauce servieren.

TIPP
Sie können das Sambal Oelek auch durch eine andere Chilisauce oder 1 fein gehackte große rote Chilischote ersetzen.

Curry gelangte im 19. Jahrhundert mit britischen Seeleuten nach Japan und ist heute eines der beliebtesten Gerichte des Landes. Mit knusprigem Katsu oder mit Udonnudeln (siehe Seite 70), aber auch einfach nur mit Reis ist ein solches Curry für viele Japaner ein Leibgericht. Zu Hause wird für die Sauce meist eine fertige Currypaste benutzt, die bei uns aber schwer zu finden ist. Deshalb hier meine selbst gemachte Version.

JAPANISCHES GEMÜSECURRY MIT MISO

FÜR 4 PERSONEN
VORBEREITUNG: 15 MINUTEN
ZUBEREITUNG: 30 MINUTEN

3 EL Pflanzenöl
2 Zwiebeln, in Ringe geschnitten
2 TL frischer Ingwer, gerieben
2 Knoblauchzehen, gerieben
1 Apfel, geschält, entkernt und gerieben
Meersalz
schwarzer Pfeffer, frisch gemahlen
1 EL Tomatenmark
3 EL Shiro-Miso (weiße Misopaste)
3 EL mildes Currypulver
2 EL japanische Sojasauce
2 EL Worcestersauce
750 ml Gemüse- oder Hühnerbrühe
3 große Möhren
1 rote Paprikaschote
2 große Süßkartoffeln

gedämpfter Reis, in Streifen
   geschnittene Frühlingszwiebeln und
   schwarze Sesamsamen zum Servieren

Das Öl in einem großen Topf erhitzen. Die Zwiebeln mit Ingwer, Knoblauch und Apfel hineingeben, kräftig mit Salz und Pfeffer würzen und 8 Minuten braten, bis sie weich werden.

Das Tomatenmark hinzugeben und 1 Minute rühren. Miso, Currypulver, Sojasauce, Worcestersauce und Brühe einrühren und alles zum Köcheln bringen.

Möhren, Paprika und Süßkartoffeln in grobe Würfel schneiden, in die Currysauce geben und garen, bis das Gemüse weich ist, aber noch Biss hat.

Das Curry mit Frühlingszwiebeln und Sesamsamen bestreuen und mit gedämpftem Reis servieren.

TIPPS

Sie können fertig gekaufte Gemüse- oder Hühnerbrühe verwenden oder das Grundrezept für Asiatische Hühnerbrühe (siehe Seite 77) verwenden.

Das Rezept lässt sich mit Geflügel, Fleisch oder Fisch abwandeln. Lassen Sie dafür einfach die Süßkartoffeln weg und nehmen Sie 500 g Fleisch oder Fisch.

Die malaysische Küche hat vielfältige Einflüsse etwa aus China, Indien, Thailand, Portugal und Indonesien aufgenommen. Die chinesisch beeinflussten Gerichte sind als Nonya-Küche bekannt, und dies ist eines ihrer bekanntesten Rezepte. Die Currypaste ist schnell zubereitet, man kann aber auch gekaufte rote Currypaste verwenden. Reichen Sie dazu warmes indisches Fladenbrot zum Auftunken der Sauce.

KAPITÄNS-CURRY (AYAM KAPITAN)

FÜR 4 PERSONEN
VORBEREITUNG: 15 MINUTEN
ZUBEREITUNG: 1 STUNDE 15 MINUTEN

4 Hähnchenkeulen
Meersalz
schwarzer Pfeffer, frisch gemahlen
1 EL Pflanzenöl
400 ml Kokosmilch
3 EL Kokoschips, geröstet
100 g Tamarindenpaste
2 TL Fünf-Gewürze-Pulver
2 Sternanis
2 Zimtstangen
Saft von 2 Limetten
6 Kaffirlimettenblätter

CURRYPASTE
4 Stängel Zitronengras
75 g kleine Schalotten
4 Knoblauchzehen
1 daumenlange rote Chilischote, entkernt
6 lange getrocknete rote Chilischoten, entkernt
20 g Galgant, in Scheiben geschnitten
20 g Ingwer, in Scheiben geschnitten
3 Macadamianüsse
1 TL Kurkuma, gemahlen
2 EL Fischsauce oder 2 TL Garnelenpaste (Belachan oder Kapi)

gedämpfter Reis, Fladenbrot, gehackter Koriander und geröstete Kokoschips (nach Belieben) zum Servieren

Für die Currypaste von den Zitronengrasstängeln die äußere Schicht entfernen, das Innere fein hacken und mit den restlichen Zutaten für die Paste und 50 ml Wasser im Mixer fein pürieren.

Die Hähnchenkeulen im Gelenk teilen und großzügig mit Salz und Pfeffer würzen. Das Öl in einem großen Topf erhitzen und die Hühnerteile von jeder Seite 3 Minuten goldbraun anbraten. Aus dem Topf nehmen und überschüssiges Öl abgießen. Die Currypaste in den Topf geben und 5–6 Minuten bei mittlerer Hitze anschwitzen.

Die Hähnchenteile wieder in den Topf geben und Kokosmilch, Kokoschips, Tamarindenpaste und die trockenen Gewürze hinzugeben.

Bei schwacher Hitze im nicht ganz geschlossenen Topf 1 bis 1 Stunde 15 Minuten köcheln lassen, bis das Hähnchenfleisch zart ist und fast vom Knochen fällt. 5 Minuten vor Ablauf der Garzeit den Limettensaft und die Kaffirlimettenblätter hinzugeben.

Das Curry vor dem Servieren mit gehacktem Koriander und gerösteten Kokoschips (wenn verwendet) bestreuen. Dazu passt gedämpfter Reis und Fladenbrot.

TIPPS

Nehmen Sie von einer fertig gekauften roten Currypaste 75 g. Die Currypaste in diesem Rezept ergibt 200 g, sie ist aber weniger stark konzentriert als kommerzielle Produkte.

Die Kokoschips zum Rösten in den auf 170 °C (Umluft 150 °C) vorgeheizten Backofen geben und in 8 Minuten goldbraun rösten.

Myanmar, das frühere Burma, grenzt an Thailand, Indien, Laos und China – eine Lage, die auch in der Küche des Landes ablesbar ist. Ich liebe dieses einfache Fisch-Curry. Es ist fein und vermittelt doch einen starken Eindruck von den typisch burmesischen Aromen: scharf, sauer, salzig und leicht bitter.

BURMESISCHES FISCH-TOMATEN-CURRY

FÜR 4 PERSONEN
VORBEREITUNG: 10 MINUTEN
ZUBEREITUNG: 20 MINUTEN

750 g festfleischige Fischfilets
1 TL Kurkuma, gemahlen
3 EL Fischsauce
1 EL Pflanzenöl
4 reife Tomaten, entkernt und gewürfelt
1 TL Paprikapulver
300 ml Fisch- oder Gemüsebrühe
Saft von 2 Limetten

CHILIPASTE

2 kleine Schalotten, gehackt
2 Knoblauchzehen, gehackt
1 Stück frischer Ingwer (3 cm), gehackt
2 daumenlange Chilischoten, gehackt
Meersalz

gedämpfter Reis, Koriander, Limettenspalten und geröstete Schalotten zum Servieren

Die Fischfilets in etwa 6 cm große Stücke schneiden, mit Kurkuma und Fischsauce in eine Schüssel geben und beiseitestellen, während die Chilipaste zubereitet wird.

Für die Chilipaste Schalotten, Knoblauch, Ingwer, Chilis und ein wenig Salz im Mörser oder im Mixer fein zerkleinern.

Das Öl in einem mittelgroßen Topf erhitzen und die Chilipaste darin 8 Minuten anschwitzen. Tomaten, Paprikapulver und Brühe hinzugeben und 10 Minuten köcheln lassen, dann die Fischstücke und den Limettensaft einrühren. 2–3 Minuten garen, bis der Fisch weiß ist. Das Curry mit gedämpftem Reis, Koriander, Limettenspalten und gerösteten Schalotten servieren.

TIPP

Heilbutt, Tilapia, Lachs oder auch Garnelen eignen sich ebenso gut für dieses Gericht.

Dieses berühmte philippinische Gericht ist etwas für Essigliebhaber. Knusprig angebratenes Hähnchen wird mit Essig, Ingwer und Knoblauch geschmort, bis es vom Knochen fällt. Nach vielem Ausprobieren bin ich auf Apfelessig gekommen, der hier für schöne aromatische Tiefe sorgt. Reisessig ist zu mild und Weißweinessig zu sauer. Das Rezept eignet sich auch gut für Schweinerippchen oder Schweinebauch, sie müssen aber etwas länger köcheln.

HÄHNCHEN-ADOBO

FÜR 4 PERSONEN
VORBEREITUNG: 10 MINUTEN
ZUBEREITUNG: 45 MINUTEN

3 EL Sesamöl
6 Hähnchenkeulen
1 Stück frischer Ingwer (8 cm), in feine Streifen geschnitten
10 Knoblauchzehen
3 Zwiebeln, in schmale Spalten geschnitten
125 ml helle Sojasauce
250 ml Apfelessig
2 EL Zucker
1 TL rote Chiliflocken

gedämpfter Reis, Korianderblätter und in Ringe geschnittene Frühlingszwiebeln zum Servieren

Das Sesamöl in einem Bräter erhitzen. Die Hähnchenkeulen im Gelenk halbieren und von jeder Seite etwa 5 Minuten anbraten. Aus dem Topf nehmen, Ingwer und Knoblauch ins Öl geben und bei mittlerer Hitze 5 Minuten goldgelb anbraten.

Hähnchenkeulen, Zwiebeln, Sojasauce, Essig, Zucker und Chiliflocken in den Bräter geben, den Deckel auflegen und das Gericht zugedeckt bei schwacher Hitze 20 Minuten köcheln lassen. Den Deckel abnehmen und die Hähnchenkeulen weitere 15 Minuten garen. Die Sauce dickt dabei ein und wird intensiver.

Das Hähnchen mit Koriander und Frühlingszwiebeln bestreuen und mit gedämpftem Reis servieren.

Wörtlich aus dem Chinesischen übersetzt bedeutet der Name „pockennarbige alte Frau" und bezieht sich auf die Konsistenz des Tofus in diesem Gericht der Szechuan-Küche. Das Geheimnis der würzigen Schweinefleischsauce ist eine Chili-Bohnen-Paste namens Toban Djan, die aus fermentierten dicken Bohnen, Knoblauch und Chili besteht. Ein ähnliches Gericht heißt in Japan Mabo Don oder Mabodofu. Eine Schale Reis dazu, und schon ist ein schnelles Abendessen fertig.

MAPO DOUFU

FÜR 4 PERSONEN
VORBEREITUNG: 10 MINUTEN
ZUBEREITUNG: 20 MINUTEN

200 g Seidentofu
1 EL Sesamöl
500 g Hackfleisch vom Rind oder Schwein
4 Frühlingszwiebeln, weiße und grüne Teile getrennt in Streifen geschnitten
2 Knoblauchzehen, fein gehackt
1 EL frischer Ingwer, gerieben
1 EL Szechuan-Pfefferkörner

CHILISAUCE
1½ EL Maisstärke
3 EL helle Sojasauce
4 EL Shaoxing-Reiswein
250 ml Brühe
3 EL Toban Djan (scharfe Chili-Bohnen-Paste)
2 EL geröstete Chiliflocken in Öl, abgetropft, plus Chiliflocken zum Servieren

gedämpfter Reis zum Servieren

Den Tofu abtropfen lassen und in Küchenpapier wickeln, um überschüssige Flüssigkeit aufzusaugen. In 3 cm große Würfel schneiden und beiseitestellen.

Die Hälfte des Öls in einem großen Wok erhitzen und das Hackfleisch darin in 5 Minuten rundum anbraten. Das Fleisch aus dem Wok nehmen und überschüssiges Fett abtropfen lassen. Das restliche Öl in den Wok geben. Die weißen Teile der Frühlingszwiebeln mit Knoblauch und Ingwer in etwa 2 Minuten goldgelb anbraten. Das Fleisch wieder hinzugeben.

Für die Chilisauce die Maisstärke mit 2 Esslöffeln Wasser glatt rühren, dann mit den übrigen Saucenzutaten verquirlen und beiseitestellen.

Die Szechuan-Pfefferkörner in einer kleinen Pfanne 30 Sekunden trocken rösten, dann im Mörser oder in der Gewürzmühle zerkleinern.

Die Sauce über das Fleisch gießen und 10 Minuten köcheln lassen. Kurz vor dem Servieren die Tofustücke hinzugeben und 2 Minuten erhitzen. Mit den grünen Frühlingszwiebelstreifen und dem Szechuanpfeffer bestreuen.

Mapo Doufu auf gedämpftem Reis servieren und mit gerösteten Chiliflocken zum Nachwürzen reichen.

TIPP

Toban Djan ist in Asia-Läden oder online erhältlich. Sollten Sie die scharfe Paste nicht finden, können Sie alternativ dieselbe Menge Miso mit 1 Esslöffel Chilipaste verrühren.

Diese Spezialität aus der Provinz Hunan war eines von Maos Lieblingsgerichten und könnte schon fast als Süßspeise bezeichnet werden. Der Schweinebauch wird in süßem Reiswein und Sojasauce geschmort, bis er ganz zart und mit süßsaurer Sauce umhüllt ist. Kandiszucker ist traditionell ein wichtiger Bestandteil in diesem Gericht, aber normaler Zucker eignet sich genauso.

SCHWEINEBAUCH FÜR DEN GROSSEN VORSITZENDEN

FÜR 4 PERSONEN
VORBEREITUNG: 20 MINUTEN
ZUBEREITUNG: 1 STUNDE 20 MINUTEN

900 g Schweinebauch ohne Schwarte
2 TL Fünf-Gewürze-Pulver
1 EL Sesamöl
6 Frühlingszwiebeln, weiße und grüne Teile separat in Ringe geschnitten
1 Stück frischer Ingwer (3 cm), in feine Streifen geschnitten
60 g Kandiszucker oder 4 EL brauner Rohrohrzucker
60 ml dunkle Sojasauce
30 ml helle Sojasauce
90 ml Shaoxing-Reiswein
2 EL Chinkiang-Essig (schwarzer Reisessig) oder heller Reisessig
1 Sternanis
2 ganze getrocknete Chilischoten

gedämpfter Reis zum Servieren

Das Schweinefleisch in einem großen Topf mit kochendem Wasser 10 Minuten vorgaren. Das Fleisch abgießen, unter kaltem Wasser abspülen und in 3 cm große Stücke schneiden. In dem Fünf-Gewürze-Pulver wenden.

Das Öl bei mittlerer bis hoher Temperatur in einer Pfanne erhitzen und das Fleisch darin portionsweise rundum bräunen. Das Fleisch aus der Pfanne nehmen. Die weißen Teile der Frühlingszwiebeln mit dem Ingwer 3–4 Minuten in der Pfanne anbraten, bis sie weich sind. Dann den Kandis hinzugeben und rühren, bis er sich aufgelöst hat.

Das Fleisch wieder in die Pfanne geben und 1–2 Minuten pfannenrühren. Sojasauce, Reiswein, Essig, Sternanis, getrocknete Chilischoten und 500 ml Wasser hinzugeben. Den Deckel auflegen, die Temperatur auf niedrigste Stufe stellen und das Fleisch 30 Minuten köcheln lassen. Dann ohne Deckel weitere 30 Minuten unter gelegentlichem Rühren garen, bis das Fleisch zart ist und glänzt.

Sternanis und Chilischoten herausnehmen und wegwerfen. Das Schweinefleisch mit den grünen Teilen der Frühlingszwiebeln bestreuen und mit Reis als Beilage servieren.

Sukiyaki war das erste Gericht, das ich in Tokio gegessen habe – in einem traditionellen Restaurant, das für dieses Gericht bekannt war. Meine Beine schliefen mir unter dem niedrigen Tisch ein, aber ich war fasziniert von dem gusseisernen Topf, in dem eine Brühe mit Gemüse und Rindfleisch brodelte. Sukiyaki wird kochend heiß serviert, und traditionell werden dazu Schälchen mit verquirltem Ei gereicht, in das Gemüse und Fleisch ganz nach Belieben gedippt werden.

SUKIYAKI

FÜR 4 PERSONEN
VORBEREITUNG: 20 MINUTEN
ZUBEREITUNG: 15 MINUTEN

2 TL Pflanzen- oder Sesamöl
500 g Rumpsteak, kurze Zeit tiefgekühlt
  und dann hauchdünn aufgeschnitten
200 g Shiitakepilze
½ kleiner Chinakohl oder Wirsing,
  in Achtel geschnitten
2 Möhren, in Scheiben geschnitten
2 Zwiebeln, in dicke Spalten geschnitten
150 g vorgekochte Shirataki- oder
  Glasnudeln (nach Belieben)

SUKIYAKISAUCE
125 ml japanische Sojasauce
125 ml Mirin (japanischer Reiswein)
3 EL Sake
2 EL Zucker
400 ml Dashi- (siehe Seite 78) oder
  Gemüsebrühe

gedämpfter Reis, Shichimi Togarashi und
  Frühlingszwiebelringe zum Servieren

Das Öl in einem mittelgroßen Topf erhitzen und das Rindfleisch darin 2–3 Minuten sanft bräunen.

Für die Sukiyakisauce in einer kleinen Schüssel Sojasauce, Mirin, Sake, Zucker und Dashibrühe verrühren, bis der Zucker aufgelöst ist. Die Sauce über das Fleisch gießen.

Die Hüte der Shiitakepilze kreuzweise einritzen. Mit allen anderen Zutaten in den Topf geben, die Zutaten dabei nicht mischen. Alles 5 Minuten köcheln lassen, bis die Gemüse zart sind, aber noch ausreichend Biss haben.

Das Sukiyaki mit Reis servieren, dazu Shichimi Togarashi und Frühlingszwiebeln zum Bestreuen reichen.

TIPPS

In manchen Asia-Läden bekommt man das Rindfleisch für Sukiyaki bereits dünn aufgeschnitten, normalerweise tiefgekühlt. So kann man sich einen Vorrat anlegen.

Shirataki-Nuden bestehen aus Konjakwurzelmehl – sie sind gluten- und fast kalorienfrei. Sie werden meist vorgekocht abgepackt verkauft und behalten auch aufgewärmt ihren Biss. Alternativ können Sie Glasnudeln verwenden, die zuerst in heißem Wasser eingeweicht werden müssen. Es geht aber auch ganz ohne Nudeln.

Die Dashibrühe ist hier die entscheidende Zutat. Deshalb rate ich Ihnen dringend, sie selbst herzustellen. Sie brauchen dafür nur 2 Zutaten und 15 Minuten Zeit.

DONABE-ZAUBER

KERAMIKTOPF FÜR EINTÖPFE, SUPPEN, GEDÄMPFTES UND REIS

KAUFEN

Einen echten japanischen Donabe bester Qualität oder einen anderen hitzebeständigen Keramiktopf mit Deckel.

WARUM EINEN DONABE?

Schnell und gesund kochen.
Schont die Aromen.
Dient auch als Servierschüssel am Tisch.
Hält lange die Hitze.

SELBST ZUSAMMENSTELLEN

DASHI- ODER ANDERE BRÜHE

+

MÖGLICHE AROMEN

SOJASAUCE
INGWER
MISO
MIRIN
SAKE
KNOBLAUCH
REISESSIG
CURRYPULVER
CHILI

DAZU ...

REIS
YUZO KOSHO (GEWÜRZPASTE) ODER YUZUSAFT
SOJA- ODER PONZUSAUCE
MISODIP
KARASHI
WASABI
SHICHIMI TOGARASHI
CHILIPASTE ODER -ÖL

PROTEIN AUSWÄHLEN

RINDFLEISCH, ENTE, HÄHNCHEN ODER SCHWEINEFLEISCH, DÜNN AUFGESCHNITTEN
TOFU
MEERESFRÜCHTE
FESTFLEISCHIGER FISCH
FLEISCHBÄLLCHEN
GYOZA
EIER

GEMÜSE UND NUDELN WÄHLEN

Gemüse

KOHL (ALLE SORTEN)
MÖHREN
SÜSSKARTOFFELN
FRÜHLINGSZWIEBELN
PASTINAKEN
ENOKI-, AUSTERN- ODER SHIITAKEPILZE
SPINAT
LOTOSWURZEL ODER DAIKONRETTICH
KÜRBIS
ZWIEBELN
BROKKOLI
PAK CHOI
GRÜNKOHL ODER ANDERES BLATTGEMÜSE
MIZUNA

NUDELN (NACH BELIEBEN)

UDON
RAMEN
SOBA
SHIRATAKI

EINTÖPFE & CURRYS

Eigentlich müsste Donabe „warme, weiche Kuscheldecke" heißen, denn Donabe-Gerichte sind Balsam für die Seele. Es ist aber die Bezeichnung für den japanischen Keramik-Kochtopf, in dem Schmorgerichte entstehen. Die Töpfe sind aus feuerfester Keramik gefertigt und für ihre gleichmäßige Hitzeübertragung beim Kochen auf der offenen Gasflamme berühmt. Auch bei Tisch halten sie das Gericht lange warm.

HÄHNCHEN-MISO-DONABE

FÜR 4 PERSONEN
VORBEREITUNG: 20 MINUTEN
ZUBEREITUNG: 20 MINUTEN

1 EL Sesamöl
2 Knoblauchzehen, zerdrückt
3 EL Miso
1 TL scharfe Chilisauce
2 EL helle japanische Sojasauce
60 ml Mirin (japanischer Reiswein)
700 ml Brühe
4 Möhren, in dünne Stifte geschnitten
4 Pak Choi oder anderes Blattgemüse, halbiert
150 g kleine Shiitakepilze

FLEISCHBÄLLCHEN
500 g Hähnchenkeulen ohne Haut und Knochen
1 EL japanische Sojasauce
2 Frühlingszwiebeln, fein gehackt
1 EL Maisstärke
1 EL frischer Ingwer, gerieben
schwarzer Pfeffer, frisch gemahlen
2–3 EL Pflanzenöl

gedämpfter Reis, Yuzusaft oder Yuzu-Kosho-Würzpaste, Frühlingszwiebelstreifen und Shichimi Togarashi zum Servieren

Für die Fleischbällchen das Fleisch im Mixer hacken. Das Hackfleisch dann in einer mittelgroßen Schüssel mit Sojasauce, Frühlingszwiebeln, Maisstärke und Ingwer vermengen und mit reichlich Pfeffer würzen. Zu etwa 3 cm großen Kugeln formen. Die Fleischbällchen entweder zuerst in einer Pfanne in Pflanzenöl rundum goldbraun braten oder gleich in die heiße Brühe geben.

Das Sesamöl in den Donabe oder einen großen Topf mit Deckel geben und den Knoblauch bei schwacher bis mittlerer Hitze anbraten. Miso, Chilisauce, Sojasauce und Mirin hinzugeben und 1 Minute kochen lassen, bis die Misopaste sich auflöst. Die Brühe angießen und aufkochen. Fleischbällchen und Möhren in den Topf geben und zugedeckt bei schwacher Hitze 8 Minuten köcheln lassen. Dann den Pak Choi hineingeben und 2 Minuten mitgaren. Zum Schluss die Pilze hinzugeben und alles im Topf an den Tisch bringen. Der Pak Choi sollte noch Biss haben.

Zum Servieren auf flache Schalen verteilen, dazu bekommt jeder eine Schale Reis sowie Yuzusaft oder Yuzu Kosho, Frühlingszwiebelstreifen und Shichimi Togarashi zum Bestreuen.

TIPPS

Sie können die Fleischbällchen ganz nach Belieben auch aus anderem Fleisch oder aus Garnelen zubereiten.

Als Brühe können Sie fertig gekauften Hühnerfond verwenden oder die Dashibrühe von Seite 78 zubereiten.

Karamell ist die typische Geschmacksnote der vietnamesischen Küche, ob auf Grillfleisch, Meeresfrüchten oder in Currys und Eintöpfen. Das mag zunächst seltsam klingen, aber in Kombination mit Fischsauce und Limette verwandelt sich Karamell in ein magisches Elixier. Traditionell wird dieses Gericht in kleinen Tontöpfen zubereitet, aber ein Donabe oder Bräter eignet sich ebenso.

KARAMELLISIERTER LACHS AUS VIETNAM

FÜR 4 PERSONEN
VORBEREITUNG: 10 MINUTEN
ZUBEREITUNG: 15 MINUTEN

1 daumenlange rote Chilischote, entkernt
2 Knoblauchzehen
1 Stück frischer Ingwer (4 cm)
1 EL Pflanzenöl
2 EL Palmzucker oder Rohrohrzucker
2 EL Fischsauce
1 EL Tamarindenpaste
200 ml Brühe
4 Lachsfilets (à 150 g)

Koriander- oder Minzeblätter, gedämpfter Reis und Blattgemüse wie Pak Choi sowie Limettenspalten zum Servieren

Chilischote, Knoblauch und Ingwer im Mixer in kurzen Intervallen zerkleinern oder von Hand mit dem Messer klein hacken.

Das Öl in einem mittelgroßen Bräter, Donabe oder ofenfesten Topf erhitzen. Die gehackten Zutaten bei mittlerer Hitze etwa 5 Minuten anbraten. Den Zucker und 1 Esslöffel Wasser hinzugeben, 2–3 Minuten erhitzen, bis der Zucker aufgelöst ist und Blasen wirft. Fischsauce, Tamarindenpaste und Brühe hinzugeben und aufkochen.

Kurz vor dem Servieren die Lachsfilets in die Brühe geben. Den Deckel auflegen und den Lachs 5–8 Minuten köcheln lassen, bis er gar ist (je nach Dicke der Filets kann das 1–2 Minuten länger dauern).

Ein paar frische Koriander- oder Minzeblätter dazugeben und den Lachs im Topf auf den Tisch bringen. Dazu gedämpften Reis, Blattgemüse und Limettenspalten servieren.

Man kann wunderbar darüber streiten, ob dies nun eine Suppe oder ein Curry ist. Die Thais bezeichnen es als Suppe, aber für mich ist es ein Hauptgericht. Khao Soi Gai stammt aus Chiang Mai im Norden Thailands. Es unterscheidet sich von anderen Currys durch das Currypulver und die knusprigen Nudeln. Eingelegte Schalotten, Chilischoten und reichlich frische Kräuter liefern noch mehr Geschmack.

NUDEL-CURRY AUS CHIANG MAI (KHAO SOI GAI)

FÜR 4 PERSONEN
VORBEREITUNG: 20 MINUTEN
ZUBEREITUNG: 30 MINUTEN

1 EL Pflanzenöl
75 g rote Currypaste
2 TL mildes Currypulver
50 ml Tamarindenpaste
1 EL Palmzucker oder Rohrohrzucker
400 ml Kokosmilch
100 ml Hühnerbrühe
2 EL Fischsauce
1 EL Sojasauce
Saft von 2 Limetten
700 g Hähnchenkeulen ohne Haut und Knochen
300 g Eiernudeln
Pflanzenöl zum Frittieren

Eingelegte rote Chilis und Schalotten (siehe Seite 52) und Chilisauce (Nam Prik, Sriracha oder Sambal Oelek, nach Belieben), feine Frühlingszwiebelstreifen, Koriander- oder Minzeblätter und Limettenspalten zum Servieren

Das Pflanzenöl in einem mittelgroßen Topf erhitzen und die Currypaste darin 5 Minuten anschwitzen. Currypulver, Tamarindenpaste und Zucker einrühren. Sobald der Zucker aufgelöst ist, Kokosmilch, Brühe, Fischsauce, Sojasauce und Limettensaft hinzugeben. Sanft aufkochen, dann das Hähnchenfleisch hineingeben und 20 Minuten köcheln lassen, bis es gar ist.

100 g Nudeln in 4 Portionen aufteilen. Das Öl in einem Wok oder einem mittelgroßen Topf auf 180–190 °C erhitzen – ein kleiner Brotwürfel sollte darin sofort zu sieden beginnen. Die Nudeln portionsweise hineingeben. Sie sind sofort knusprig, daher schnell wieder herausheben und auf Küchenpapier abtropfen lassen. So fortfahren, bis alle 4 Portionen frittiert sind.

Die restlichen 200 g Nudeln in etwa 4 Minuten in ausreichend Salzwasser bissfest garen. Abgießen und auf große Schalen verteilen. Je eine Portion Curry darübergeben und mit eingelegten roten Chilis und Schalotten, Chilisauce, Frühlingszwiebeln, frischen Kräutern, Limettenspalten und den frittierten Nudeln servieren.

TIPP

Sie können fertig gekaufte rote Chilipaste verwenden oder mein Grundrezept für rote Currypaste (siehe Seite 79) ausprobieren, wenn Sie ein wenig Zeit haben.

Rote Currypaste werden die meisten kennen, aber gelbe Currypaste aus Südthailand ist noch etwas Besonderes. Aus Zitronengras, Chilischoten und Gewürzen zubereitet, hat sie eine feinsäuerliche Note. Ich verwende hier Entenbrust, Sie können aber genauso gut auch Entenkeulen nehmen. Diese sollten Sie zunächst kräftig anbraten und dann bei milder Hitze langsam 1 Stunde in der Currysauce fertig garen.

GELBES ENTENCURRY MIT ANANAS & LIMETTENBLÄTTERN

FÜR 4 PERSONEN
VORBEREITUNG: 10 MINUTEN
ZUBEREITUNG: 45 MINUTEN

4 Entenbrüste
75 g thailändische gelbe Currypaste
1 EL Palmzucker oder Rohrohrzucker
2 EL Fischsauce
50 ml Tamarindenpaste
400 ml Kokosmilch
Saft von 2 Limetten
2 Stängel Zitronengras
75 g Ananas
6 Kaffirlimettenblätter (nach Belieben)

gedämpfter Reis und vorgegarte grüne Bohnen, je 1 Handvoll Thai-Basilikum- und Korianderblätter sowie Limettenspalten zum Servieren

Den Backofen auf 200 °C (Umluft 180 °C) vorheizen.

Einen mittelgroßen Topf erhitzen. Die Entenbrüste mit der Fettschicht nach unten hineinlegen und die Temperatur auf niedrigste Stufe einstellen. Das Fett etwa 10 Minuten ausbraten. Die Entenbrüste herausnehmen und in eine ofenfeste Form legen.

Den Großteil des Entenfetts abgießen, dann die Currypaste in den Topf geben und bei mittlerer Hitze 5 Minuten anschwitzen. Den Zucker hinzugeben und 1 Minute kochen, bis er aufgelöst ist. Fischsauce, Tamarindenpaste und Kokosmilch hinzugeben. Den Limettensaft einrühren. Das Zitronengras mit dem Messerrücken weich klopfen und zum Curry geben. Alles 15 Minuten köcheln lassen, damit die Aromen sich entfalten können.

Etwa 20 Minuten vor dem Servieren die Entenbrüste für 8 Minuten in den heißen Ofen stellen. Herausnehmen und mit Alufolie abgedeckt ruhen lassen. Die Ananas in 3 cm große Würfel schneiden und mit den Kaffirlimettenblättern (falls verwendet) ins Curry geben; noch einige Minuten köcheln lassen.

Vier Schalen mit Reis und grünen Bohnen vorbereiten. Die Entenbrüste aufschneiden und auf dem Reis anrichten. Mit Currysauce übergießen und mit den frischen Kräutern garnieren. Mit Limettenspalten servieren.

Dieses thailändische Wohlfühlgericht ist einfach zuzubereiten und schlicht köstlich. Ein Tontopf ist nicht unbedingt nötig, aber wer ihn einmal ausprobiert hat, mag ihn nicht mehr missen, da er allen Gerichten eine schöne erdige Note verleiht. Man findet solche Töpfe preiswert in Asia-Läden. Sie können aber auch einen japanischen Donabe (siehe Seite 177) verwenden.

NUDELN MIT SCHWEINEFLEISCH & GARNELEN (GUNG OB WUN SEN)

FÜR 4 PERSONEN
VORBEREITUNG: 10 MINUTEN
ZUBEREITUNG: 20 MINUTEN

200 g Glasnudeln
8 große Garnelen
1 EL Sesamöl
2 Zwiebeln, in Spalten geschnitten
1 Stück frischer Ingwer (5 cm), in feine Streifen geschnitten
8 Scheiben Schweinebauch
100 g Schnittsellerie mit Blättern oder Staudensellerie, gehackt

PFEFFERPASTE
3 Knoblauchzehen
1 TL schwarze Pfefferkörner
5 Korianderwurzeln oder 1 EL Korianderstiele, gehackt

AUSTERN-SOJA-SAUCE
3 EL Austernsauce
1 EL dunkle Sojasauce
2 EL Fischsauce
100 ml Brühe

Korianderblätter und gehackte Frühlingszwiebeln (nur grüne Teile) zum Servieren

Die Glasnudeln 10 Minuten in warmem Wasser einweichen, dann abgießen.

Von den Garnelen den Kopf abdrehen, die Schale bis auf die Schwanzflosse entfernen. Die Garnelen am Rücken entlang einschneiden und den dunklen Darm herausziehen.

Für die Pfefferpaste Knoblauch, Pfefferkörner und Korianderwurzeln im Mörser fein zerstoßen.

Das Öl in einem großen Keramiktopf oder einem Bräter erhitzen. Zwiebeln und Ingwer mit der Pfefferpaste bei mittlerer Hitze 5–7 Minuten anbraten, bis sie weich sind. Das Fleisch in 5 cm große Stücke schneiden und mit in den Topf geben. Das Fleisch auf dem Boden in einer Schicht verteilen, Nudeln und Sellerie daraufgeben. Die Garnelen obenauf verteilen. Die Zutaten für die Austern-Soja-Sauce in einem Messbecher verquirlen und darübergießen.

Den Topf zudecken und das Gericht bei mittlerer Hitze auf dem Herd oder bei 200 °C (Umluft 180 °C) im vorgeheizten Backofen 10–12 Minuten garen.

Mit Koriandergrün und Frühlingszwiebeln bestreuen und sofort servieren.

TIPPS

Traditionell nimmt man hier Schnittsellerie, der sehr feine Stängel hat. Alternativ können Sie dünne Stängel und Blätter von Staudensellerie verwenden.

Garen Sie das Gericht in einem großen oder zwei kleinen Tontöpfen oder verwenden Sie einen großen Donabe oder einen Bräter mit gut schließendem Deckel.

AUS DEM WOK

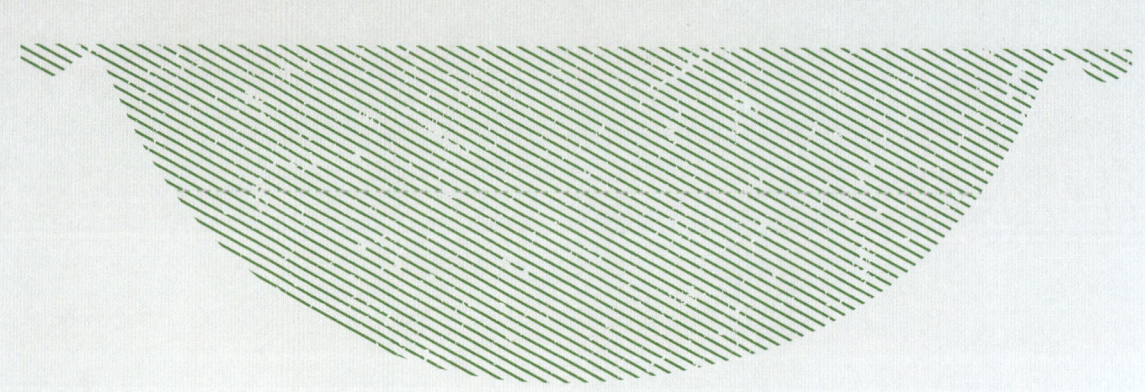

Cha Ca ist in Hanoi so beliebt, dass eine ganze Straße diesem Gericht gewidmet ist! Die Restaurants dort haben nur eins auf der Speisekarte: in Kurkuma und Ingwer marinierten Fisch oder Meeresfrüchte mit Dill und Nudeln. Die Zubereitung erfolgt in einem Wok am Tisch, dazu gibt es Chili-Limetten-Sauce und geröstete Erdnüsse.

VIETNAMESISCHE GARNELEN MIT DILL UND REISNUDELN (CHA CA)

FÜR 4 PERSONEN
VORBEREITUNG: 10 MINUTEN PLUS 10 MINUTEN MARINIEREN
ZUBEREITUNG: 10 MINUTEN

400 g große Garnelen
200 g dünne Reisnudeln
6 Frühlingszwiebeln, in Stücke geschnitten
1 große Handvoll frischer Dill, gehackt
2 EL Pflanzenöl

MARINADE
12 Knoblauchzehen, gehackt
1 Stück frischer Ingwer (2,5 cm), gehackt
2 TL Kurkuma, gemahlen
2 EL Fischsauce
1 TL Pflanzenöl

CHILI-LIMETTEN-SAUCE
100 ml Limettensaft
60 ml Fischsauce
3 EL Palmzucker oder Rohrohrzucker
1 daumenlange rote Chilischote, in dünne Ringe geschnitten, oder 2 Thai-Chilischoten, in Ringe geschnitten

Erdnüsse, geröstet und gehackt, Limettenspalten und Korianderblätter zum Servieren

Für die Marinade Knoblauch, Ingwer, Kurkuma, Fischsauce und Öl in einer mittelgroßen Schüssel verquirlen.

Von den Garnelen den Kopf abdrehen, die Schale bis auf die Schwanzflosse entfernen. Die Garnelen am Rücken entlang einschneiden und den dunklen Darm herausziehen. Den Schnitt etwas vertiefen und die Garnelen in Schmetterlingsform auf-, aber nicht durchschneiden. 10 Minuten in die Marinade legen.

Alle Zutaten für die Chili-Limetten-Sauce in einer kleinen Schüssel verrühren, bis der Zucker aufgelöst ist. Die Sauce ist recht mild, wer es also schärfer mag, nimmt einfach mehr Chilis.

Die Nudeln in einer großen Schüssel mit kochendem Wasser übergießen und während der Zubereitung der Garnelen quellen lassen.

Das Öl bei mittlerer bis hoher Temperatur im Wok oder in einer Pfanne erhitzen. Frühlingszwiebeln und Dill 1 Minute anbraten, dann die Garnelen vermischen. 2–3 Minuten pfannenrühren, bis sie gar sind.

Die Nudeln abtropfen lassen und mit den Garnelen vermischen.

Mit der Chili-Limetten-Sauce, den Erdnüssen, Limettenspalten und Korianderblättern servieren.

TIPP

In Vietnam wird Cha Ca meist mit Wels zubereitet, den man sonst eher selten bekommt. Man benötigt einen festfleischigen Fisch, der beim Braten nicht gleich zerfällt. Seeteufel, Heilbutt oder Tilapia haben auch schönes festes Fleisch, ich verwende aber am liebsten große Garnelen, die alle Aromen gut aufnehmen, ohne im Wok anzusetzen.

XO-Sauce ist eine recht neue und köstliche Erfindung aus getrockneten Meeresfrüchten, Chilis, Knoblauch, Sojasauce und Schinken. Erfunden hat sie ein Koch aus Hongkong, und XO steht für „extra old" (besonders alt), wie bei einem teuren Cognac. Hier ist eine vereinfachte Version seines Rezepts. Traditionell enthält sie getrocknete Jakobsmuscheln, die aber außerhalb Asiens kaum erhältlich sind.

GEBRATENER REIS MIT XO-SAUCE

FÜR 4 PERSONEN, ERGIBT 150 G
EINFACHE XO-SAUCE
VORBEREITUNG: 10 MINUTEN
ZUBEREITUNG: 40 MINUTEN

200 g Zuckerschoten
175 g Baby-Maiskölbchen, in Scheiben geschnitten
2 EL Pflanzenöl
2 Eier, verquirlt
1 Zwiebel, gehackt
1 Stück Ingwer (3 cm), gehackt
400 g Duft- oder Basmati-Reis, bissfest gegart, oder 6 Tassen Reis, gegart und abgekühlt
2 EL Austernsauce
1 EL dunkle Sojasauce

EINFACHE XO-SAUCE
2 TL getrocknete Garnelen
100 g luftgetrockneter Schinken, gehackt
4 fingerlange rote Chilischoten, gehackt
2 EL frischer Ingwer, fein gehackt
6 Knoblauchzehen
3 große Schalotten, gehackt
1 EL Palmzucker oder Rohrohrzucker
1 EL Sojasauce
90 ml Erdnussöl

Frühlingszwiebelstreifen und Sriracha-Sauce oder andere scharfe Chilisauce zum Servieren

Am Vorabend der Zubereitung die getrockneten Garnelen in einer Schüssel mit Wasser bedecken und über Nacht einweichen.

Am nächsten Tag die abgetropften Garnelen im Mixer fein hacken. Die übrigen Saucenzutaten mit Ausnahme des Öls hinzugeben und alles zu einer Paste pürieren.

Das Erdnussöl in einer Pfanne erhitzen. Die XO-Sauce hineingeben und bei schwacher Hitze 30 Minuten kochen, bis sie sich tiefbraun färbt und dickflüssig ist. Vom Herd nehmen und abkühlen lassen.

Wasser in einem Topf zum Kochen bringen. Zuckerschoten und Maiskölbchen darin 1 Minute blanchieren. In ein Sieb abgießen und unter kaltem Wasser abschrecken. Auf einem Küchentuch abtropfen lassen.

1 Esslöffel des Pflanzenöls in einem großen Wok erhitzen. Die Eier im Wok schwenken, sodass sie eine dünne Schicht bilden. Mit dem Pfannenwender grob zerteilen und in eine Schüssel geben. Das restliche Öl in den Wok geben. Die Zwiebel und den Ingwer darin bei mittlerer Hitze in 3 Minuten glasig andünsten.

75 g der XO-Sauce (den Rest im Kühlschrank aufbewahren), den kalten Reis, die Maiskölbchen, die Zuckerschoten sowie die Austern- und die Sojasauce in den Wok geben. Alles 5 Minuten unter ständigem Rühren erhitzen, zum Schluss die gebratenen Eier unterheben.

Den gebratenen Reis mit Frühlingszwiebeln bestreuen und mit Chilisauce servieren. Er ist eine schöne Beilage zu Gegrilltem glasiertem Schweinefleisch (siehe Seite 156).

TIPP

Wir machen hier mehr XO-Sauce, als Sie in diesem Rezept brauchen, aber kleinere Mengen lassen sich schlecht herstellen. Probieren Sie die Sauce auch zu Meeresfrüchten, gedämpftem Fisch und Nudelgerichten. Mit etwas Glück finden Sie vielleicht auch ein Glas fertige XO-Sauce im Asia-Laden.

Das „Feuerfleisch" Bulgogi ist der Traum jedes Fleischliebhabers. Überall in Seoul riecht man das in Knoblauch, Sesamöl und Sojasauce marinierte Fleisch, das auf rauchenden Grills in der Mitte des Tischs vor sich hin brutzelt. Dazu gibt es meist kleine Teller mit Banchan – Gemüsebeilagen. Da die meisten von uns keinen Tischgrill besitzen, tut es auch der Wok. Sie können das Hähnchen nach Belieben durch Rind- oder Schweinefleisch ersetzen.

HÄHNCHEN-BULGOGI

FÜR 4 PERSONEN
VORBEREITUNG: 20 MINUTEN PLUS 1 STUNDE MARINIEREN
ZUBEREITUNG: 10 MINUTEN

500 g Hähnchenoberschenkel ohne Haut und Knochen, in Scheiben geschnitten
1 EL Sesamöl
1 große Zwiebel, in Spalten geschnitten
1 EL Sesamsamen, geröstet

BULGOGI-MARINADE
60 ml Sojasauce
3 EL Zucker
½ kleine Zwiebel, geviertelt
60 ml Mirin (japanischer Reiswein)
1 Stück frischer Ingwer (6 cm), geschält
6 Knoblauchzehen, geschält
2 EL Ananas, gehackt
2 EL Gochugaru oder 2 TL rote Chiliflocken
1 EL Sesamöl

gedämpfter Reis, gehackte Frühlingszwiebeln und Kimchi zum Servieren

Für die Bulgogi-Marinade alle Zutaten im Mixer glatt pürieren.

Das Hähnchenfleisch in einen Gefrierbeutel oder eine flache Schale geben. Mit der Marinade übergießen und bis zu 1 Stunde abgedeckt kalt stellen. Vor dem Braten auf Zimmertemperatur kommen lassen.

½ Esslöffel des Sesamöls in einem großen Wok oder einer großen Pfanne heiß werden lassen. Die Zwiebel unter Rühren einige Minuten anbraten. Fleisch und Marinade hinzugeben und unter ständigem Rühren 5 Minuten garen. Die Sesamsamen hinzugeben und durchrühren. Die Sauce sollte dickflüssig und glänzend sein.

Das Bulgogi mit gedämpftem Reis und Frühlingszwiebeln servieren. Dazu Kimchi reichen.

TIPP

Das Geheimnis einer guten Bulgogi-Marinade ist eine Frucht, deren Säure das Fleisch zart macht. Meist verwendet man hier Nashi-Birnen, aber ich mag die Süße der Ananas lieber.

Szechuanpfeffer ist eine magische Zutat. Sein zitrusartiges Aroma und das Prickeln auf der Zunge sind einfach faszinierend. Vor allem aber wirkt er wie ein Geschmackverstärker. Neben Sternanis und Zimt ist Szechuanpfeffer eine der Hauptzutaten im Fünf-Gewürze-Pulver. Sie können statt der Garnelen auch Hähnchenfleisch oder Gemüse für dieses leckere Rezept verwenden.

SZECHUAN-GARNELEN MIT WÜRZIGER CHILISAUCE

FÜR 4 PERSONEN
VORBEREITUNG: 15 MINUTEN
ZUBEREITUNG: 15 MINUTEN

1 TL Szechuan-Pfefferkörner
50 g Maisstärke
1 EL Meersalz
schwarzer Pfeffer, frisch gemahlen
400 g große rohe Garnelen, geschält
200 g feine grüne Bohnen
60 ml Pflanzenöl
2 daumenlange rote Chilischoten, in Ringe geschnitten
2 Knoblauchzehen, in dünne Scheiben geschnitten
4 Frühlingszwiebeln, in 5 cm lange Stücke geschnitten

WÜRZIGE CHILISAUCE
2 TL Maisstärke
2 EL geröstete Chiliflocken in Öl, abgetropft
2 EL schwarzer Reisessig
2 EL helle Sojasauce
1 EL Hoisin-Sauce

gedämpfter Reis zum Servieren

Die Szechuan-Pfefferkörner 30 Sekunden in einer kleinen Pfanne rösten, bis sie duften, dann in einer Gewürzmühle oder im Mörser grob mahlen und in einer kleinen, flachen Schale mit Maisstärke, Salz und Pfeffer verrühren.

Den Rücken der Garnelen mit einem scharfen Messer einschneiden und den Darm entfernen. Die Garnelen in der gewürzten Speisestärke wenden und den Überschuss abschütteln.

Für die Chilisauce zunächst die Speisestärke in 1 Esslöffel Wasser auflösen, dann in einer kleinen Schüssel mit den übrigen Zutaten verrühren.

Die Bohnen 1 Minute in kochendem Wasser blanchieren, dann unter kaltem Wasser abschrecken und abtropfen lassen.

Das Öl im Wok erhitzen. Chili und Knoblauch darin in 1 Minute goldgelb anbraten, dann herausnehmen. Die Garnelen in den Wok geben und braten, bis sie rosa sind und sich leicht zusammenziehen.

Den Großteil des Öls abgießen und die Bohnen mit den Frühlingszwiebeln zu den Garnelen in den Wok geben. 1 Minute pfannenrühren, dann die Sauce hinzugießen und unter Rühren 1–2 Minuten dickflüssig einkochen lassen. Die Garnelen mit gebratenem Knoblauch und Chiliringen bestreuen und mit gedämpftem Reis servieren.

Sambal ist eine indonesische Chilipaste, die meist Knoblauch, Ingwer, Tamarinde, Fischsauce und Zitronengras enthält. Es gibt zahlreiche Varianten, von denen die vielseitigste und am häufigsten zu findende Sambal Oelek ist. Sie ist der Traum jedes faulen Kochs, da man sie im Wok, in Dressings und in Dips verwenden kann. Mit Tamarinde und Sojasauce wird daraus die perfekte scharfe, salzig-saure Sauce für jedes Wokgericht.

Garnelen in scharfer Tamarindensauce (Sambal Udang)

FÜR 4 PERSONEN
VORBEREITUNG: 15 MINUTEN
ZUBEREITUNG: 10 MINUTEN

400 g große rohe Garnelen, geschält
3 EL Tamarindenpaste
1 EL Fischsauce
1 EL Kecap Manis (süße Sojasauce)
1 EL Palmzucker oder Rohrohrzucker
1 EL Pflanzenöl
1 Zwiebel, in Spalten geschnitten
10 kleine reife Kirschtomaten

SAMBALPASTE
2 EL Sambal Oelek
1 große Schalotte
2 Knoblauchzehen

gedämpfter Reis, in Streifen geschnittene Frühlingszwiebeln und gedämpftes Gemüse zum Servieren

Den Rücken der Garnelen mit einem scharfen Messer einschneiden und den Darm entfernen.

Die Tamarindenpaste in einer kleinen Schüssel mit Fischsauce, Sojasauce, Zucker und 2 Esslöffeln Wasser verrühren, bis der Zucker aufgelöst ist, dann beiseitestellen.

Alle Zutaten für die Sambalpaste im Mixer fein pürieren.

Das Öl im Wok erhitzen und die Paste 5 Minuten braten, bis sie dunkel wird. Die Zwiebel hineingeben und 2–3 Minuten pfannenrühren. Die Garnelen in die Pfanne geben und 1 Minute pfannenrühren, bis sie rosa werden, dann Tamarindensauce und Tomaten hinzugeben. Unter Rühren kochen, bis die Sauce andickt.

Die Garnelen mit gedämpftem Reis, Frühlingszwiebeln und gedämpftem Gemüse servieren.

TIPP

Sie können das Sambal Oelek auch durch eine andere Chilisauce oder zwei fein gehackte rote Chilischoten ersetzen.

Überall in Thailand bekommt man köstliche, im Ganzen gebratene Fische serviert. Sie kommen aufgespießt an den Tisch, und man zupft das Fleisch ab und taucht es in ein Tamarinden- oder Chili-Limetten-Dressing. Das ist für zu Hause nicht so praktisch, aber das Rezept funktioniert zum Glück auch mit Filets. Ein Salat aus grüner Papaya oder Möhren ist eine knackige Beilage und bietet einen guten Kontrast zum scharfen, knusprigen Fisch.

KNUSPRIGER FISCH MIT SALAT AUS GRÜNER PAPAYA

FÜR 4 PERSONEN
VORBEREITUNG: 15 MINUTEN
ZUBEREITUNG: 15 MINUTEN

50 g Basmatireis
4 EL Maisstärke
1 TL rote Chiliflocken
Meersalz
schwarzer Pfeffer, frisch gemahlen
4 dicke Fischfilets (à 150 g)
Pflanzenöl zum Frittieren

ZITRUSDRESSING
1 Knoblauchzehe
1 Stück frischer Ingwer (1 cm)
2 EL Palmzucker oder Rohrohrzucker
45 ml Fischsauce
100 ml Limettensaft
60 ml Orangensaft
1 kleine Thai-Chilischote, in Ringe
   geschnitten (nach Belieben)

SALAT AUS GRÜNER PAPAYA
300 g grüne Papaya, gehobelt
1 große Möhre, in Streifen geschnitten
4 Thai-Schalotten, in Streifen geschnitten
2 Kaffirlimettenblätter, in Streifen
   geschnitten (nach Belieben)
je 1 kleine Handvoll Koriander-,
   Thai-Basilikum- und Minzeblätter
4 EL Schalotten, knusprig gebraten
2 Thai-Chilischoten, in Ringe geschnitten

Den Reis bei schwacher Hitze in der trockenen Pfanne in 10 Minuten hellbraun anrösten und dann im Mörser oder im Mixer fein zerkleinern. Auf einen flachen Teller streuen. 2 Esslöffel abnehmen, in einer Schüssel mit der Maisstärke und den Chiliflocken vermengen und mit Salz und Pfeffer würzen.

Für das Zitrusdressing Knoblauch und Ingwer im Mörser zerstoßen. Den Zucker dazugeben und mit Fischsauce und Zitrussaft verrühren, bis der Zucker aufgelöst ist. Das Dressing probieren: Es sollte sauer, salzig und ein wenig süß schmecken. Falls nötig, mit zusätzlichem Zucker oder Fischsauce abschmecken. Wer mag, gibt noch Chiliringe dazu. Beiseitestellen.

Die Salatzutaten in eine Schüssel füllen, einige Kräuterblätter für die Dekoration beiseitelegen.

Die Haut der Fischfilets mit einem scharfen Messer rautenförmig einschneiden. Die Filets in dem gewürzten Reismehl wenden und den Überschuss abschütteln.

Das Öl in einem Wok oder einem mittelgroßen Topf auf 180–190 °C erhitzen – ein kleiner Brotwürfel sollte darin sofort zu sieden beginnen. Die Filets in 2–3 Minuten goldgelb und knusprig frittieren.

Den Salat mit zwei Dritteln des Dressings übergießen und gut vermischen. Auf Tellern anrichten und den Fisch darauflegen. Mit dem restlichen Dressing beträufeln und mit dem gemahlenen Reis und den restlichen Kräutern bestreuen.

TIPP

Für dieses Rezept eignen sich Fische mit festem, weißem Fleisch wie z. B. Roter Schnapper und Wolfsbarsch gut.

Knoblauch, Chilischoten, Schalotten, Tamarinde und Garnelenpaste sind nur einige der Umami-Zutaten in der Chilipaste Nam Prik Pao, die so viele thailändische Suppen, Saucen und Wokgerichte prägt. Besorgen Sie sich ein Glas im Asia-Laden oder online. Nur etwas Soja- und Fischsauce dazu – und fertig ist eine geradezu magische Sauce für Wokgerichte.

THAI-HÄHNCHEN MIT CASHEWS & DICKER CHILISAUCE

FÜR 4 PERSONEN
VORBEREITUNG: 10 MINUTEN
ZUBEREITUNG: 10 MINUTEN

100 g Baby-Maiskölbchen
500 g Hähnchenoberschenkel ohne Haut und Knochen
1 EL Pflanzenöl
4 Knoblauchzehen, fein gehackt
2 rote Chilischoten, in dicke Ringe geschnitten
2 rote Paprikaschoten, in mundgerechte Stücke geschnitten
1 Zwiebel, in Spalten geschnitten
50 g Cashewkerne, geröstet

THAI-CHILISAUCE
2 EL Nam Prik Pao (thailändische Chilipaste)
1 EL Fischsauce
2 EL helle Sojasauce
Saft von 1 Limette
4 EL Austernsauce

Thai- oder Gartenbasilikum und gedämpfter Reis zum Servieren

Alle Zutaten für die Thai-Chilisauce in einer kleinen Schüssel miteinander verrühren und beiseitestellen.

Wasser in einem Topf zum Kochen bringen und die Maiskölbchen darin 2 Minuten blanchieren, dann in ein Sieb abgießen, unter kaltem Wasser abschrecken und abtropfen lassen.

Das Fleisch in 3 cm große Stücke schneiden. Einen großen Wok stark erhitzen und die Hälfte des Öls hineingeben. Die Hähnchenstücke darin in mehreren Portionen anbräunen. Zuerst 2–3 Minuten von einer Seite schön goldbraun braten, dann unter ständigem Rühren 1 weitere Minute rundum bräunen. Das Fleisch herausnehmen und in eine Schüssel geben.

Das restliche Öl im Wok erhitzen, Knoblauch und Chilis bei mittlerer Hitze 1 Minute pfannenrühren, bis sie goldbraun sind. Die Paprikaschoten, Zwiebel, Cashews und Mais hinzugeben. Alles noch 1 Minute erhitzen, dann die Thai-Chilisauce und das gebratene Hähnchenfleisch hinzugeben. Pfannenrühren, bis alles durchgewärmt und die Sauce dickflüssig ist.

Mit Basilikum bestreuen und mit gedämpftem Reis servieren.

WOK-GEHEIMNISSE

KAUFEN

WOK AUS KOHLENSTOFFSTAHL
AM BESTEN MIT FLACHEM BODEN
SO GROSS WIE MÖGLICH
EIN LEICHTES, PREISWERTES PRODUKT

VERWENDEN ZUM

BRATEN
PFANNENRÜHREN
RÄUCHERN VON FLEISCH UND FISCH

EINBRENNEN

Glühend heiß erhitzen!
Sobald der Stahl blau-violett ist, den Wok vom Herd nehmen und abkühlen lassen.
Die Oberfläche mit zusammengeknülltem Küchenpapier mit Öl einreiben. Erneut rauchheiß erhitzen, dann abkühlen lassen.
Ein gut eingebrannter Wok erzeugt Wok-Hei („Wok-Aroma"), das den Speisen rauchige Noten verleiht.

TECHNIK

RICHTIG

Erst den Wok erhitzen, dann das Öl hineingeben.

Alle Zutaten vorbereitet bereitstellen.

Fleisch, Fisch und Tofu zuerst braten, herausnehmen, dann Gemüse braten.

Die Sauce kommt zuletzt.

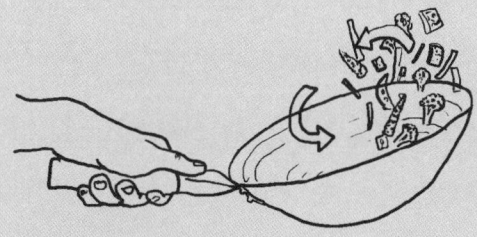

FALSCH

Zu viel Öl auf einmal – lieber nach und nach hineingeben.

Ingwer und Knoblauch zu heiß braten, sodass sie verbrennen.

Den Wok überladen – lieber in zwei Portionen garen.

Den Wok schnell über der Flamme schwenken oder mit zwei Löffeln schnell rühren!

In Malaysia, Indonesien und Singapur liebt man Mee Goreng, verwendet aber unterschiedlichste Nudeln – von Reisnudeln bis hin zu dicken gelben Weizennudeln – und wahlweise Meeresfrüchte, Gemüse oder Fleisch. Die leckere Sauce mit süßer Sojasauce, Tamarinde und Chili schmiegt sich quasi an die Nudeln und verleiht ihnen so ihren köstlichen Geschmack.

GEBRATENE NUDELN MIT HÄHNCHEN (MEE GORENG)

FÜR 4 PERSONEN
VORBEREITUNG: 10 MINUTEN
ZUBEREITUNG: 20 MINUTEN

300 g getrocknete dicke Eiernudeln (die kräftig gelben)
2 EL Pflanzenöl
500 g Hähnchenoberschenkel, ohne Haut und Knochen, in mundgerechte Stücke geschnitten
3 Knoblauchzehen, gehackt
1 kleine Zwiebel, in Spalten geschnitten
300 g Pak Choi oder anderes Blattgemüse, in Stücke geschnitten
6 Frühlingszwiebeln, gehackt
2 große Handvoll Bohnensprossen

SÜSSE SOJASAUCE
4 EL Sambal Oelek (indonesische Chilisauce) oder Sriracha-Sauce
2 EL Tamarindenpaste
75 ml Kecap Manis (süße Sojasauce)
45 ml helle Sojasauce

Wasser in einem großen Topf zum Kochen bringen und die Nudeln darin nach Packungsangabe bissfest garen. In ein Sieb abgießen und beiseitestellen.

Für die süße Sojasauce das Sambal Oelek in einer kleinen Schüssel mit der Tamarindenpaste und den beiden Sojasaucen verrühren.

Das Öl in einem großen Wok erhitzen und das Hähnchenfleisch 8–10 Minuten darin scharf anbraten, bis es gebräunt und gar ist. Aus dem Wok heben und beiseitestellen.

Knoblauch und Zwiebel in den Wok geben und 2–3 Minuten anbraten. Pak Choi, Nudeln, Fleisch, Frühlingszwiebeln und die Süße Sojasauce hinzugeben und alles bei sehr starker Hitze pfannenrühren, bis die Nudeln mit Sauce überzogen und heiß sind.

Die Nudeln mit den Bohnensprossen vermischen und servieren.

Nasi Goreng ist ein superleckerer gebratener Reis mit Spiegelei. Ich konnte in Malaysia gar nicht genug davon bekommen und habe das Gericht zu Hause sofort nachgekocht. Es gibt traditionelle Rezepte mit ellenlangen Zutatenlisten, darunter komplizierte Garnelenpasten und gebratene Sardellen, aber manchmal ist weniger eben doch mehr. Ich habe hier auf das intensive Fischaroma verzichtet und Ananas für die frische Note hinzugefügt.

GEBRATENER REIS MIT EI (NASI GORENG)

FÜR 4 PERSONEN
VORBEREITUNG: 15 MINUTEN
ZUBEREITUNG: 10 MINUTEN

400 g Basmatireis
1 EL Tamarindenpaste
4 EL Kecap Manis (süße Sojasauce)
1 EL Fischsauce
2 Knoblauchzehen
2 Schalotten
1 Handvoll Koriander mit Stielen
1 Stück frischer Ingwer (3 cm)
2 EL Pflanzenöl
1 daumenlange rote Chilischote, in dünne Ringe geschnitten
100 g grüne Bohnen, in Stücke geschnitten
50 g Ananas, gewürfelt
4 Eier

knusprig gebratene Schalotten, Gurkenstreifen und Limettenspalten zum Servieren

Den Reis in 8 Minuten bissfest kochen, dann abgießen.

Die Tamarindenpaste in einer kleinen Schüssel mit Kecap Manis und Fischsauce verrühren.

Knoblauch und Schalotten mit den Stängeln des Korianders und dem Ingwer im Mixer in kurzen Intervallen klein hacken.

Im Wok 1 Esslöffel Öl erhitzen. Die Knoblauchmischung und die Chiliringe darin 2–3 Minuten anbraten. Bohnen und Ananas hinzugeben, 2 Minuten mitbraten, dann den Reis hinzugeben. Die Tamarindenmischung hinzugeben und gründlich verrühren. Vom Herd nehmen.

Den restlichen Esslöffel Öl in einer großen Pfanne erhitzen. Die Eier hineinschlagen und 1 Minute bei starker Hitze braten, bis sie am Rand knusprig, aber in der Mitte noch weich sind.

Den Reis auf Tellern verteilen und mit je 1 Spiegelei belegen, dann mit den gebratenen Schalotten und den Korianderblättern bestreuen. Mit Gurkenstreifen und Limettenspalten servieren.

Pad Krapao Gai ist gebratenes Hähnchenhack mit Thai-Basilikum – das ultimative thailändische Street Food. Dazu gehören Fischsauce, Knoblauch und Chilis sowie ein Spiegelei. Das Thai-Basilikum gibt den authentischen Geschmack, aber Sie können auch ganz gewöhnliches Basilikum nehmen.

THAILÄNDISCHES BASILIKUM-HÄHNCHEN (PAD KRAPAO GAI)

FÜR 4 PERSONEN
VORBEREITUNG: 15 MINUTEN
ZUBEREITUNG: 10 MINUTEN

500 g Hähnchenoberschenkel ohne Haut und Knochen
3 EL Fischsauce
50 ml Hühnerbrühe
1 EL süße thailändische Sojasauce, Kecap Manis oder dunkle Sojasauce
2 EL Pflanzenöl
6 Knoblauchzehen, leicht zerdrückt
2 daumenlange rote Chilischoten, in Ringe geschnitten
1 Zwiebel, gewürfelt
100 g feine grüne Bohnen, halbiert
3 Handvoll Thai-Basilikumblätter
4 Eier

gedämpfter Reis, Limettenspalten und eingelegte rote Chilis (siehe Seite 52) zum Servieren

Das Hähnchenfleisch im Mixer in kurzen Intervallen grob hacken.

Fischsauce, Hühnerbrühe und Sojasauce in einer kleinen Schüssel verrühren.

Den Wok erhitzen, die Hälfte des Öls hineingeben und das Hackfleisch in 5 Minuten goldbraun anbraten. Das Hack auf eine Seite schieben. Knoblauch und Chilis in der Mitte des Woks bei schwacher Hitze 2–3 Minuten anbraten, bis der Knoblauch goldgelb ist.

Die Zwiebel und die Bohnen hinzugeben und alles weitere 2–3 Minuten pfannenrühren.

Die Fischsaucenmischung und das Basilikum hinzugeben und weitere 2 Minuten pfannenrühren, dann vom Herd nehmen.

Das restliche Öl in einer Pfanne erhitzen. Die Eier hineinschlagen und 2–3 Minuten braten, bis sie am Rand knusprig sind.

Die Eier auf dem Hackfleisch anrichten und mit gedämpftem Reis, Limettenspalten und eingelegten Chilis servieren.

Für dieses klassische japanische Wokgericht können Sie ganz alltägliche Gemüse wie Weißkohl, Zwiebeln und Möhren nehmen und mit Speck, Hähnchenfleisch oder Garnelen veredeln. Die wirklichen Stars sind hier die dicken Nudeln und die Sauce. Die wichtigsten Zutaten sind Mirin, Soja- und Tonkatsu-Sauce. Letztere findet man im Asia-Laden am ehesten unter dem Markennamen Bulldog.

YAKI UDON

FÜR 4 PERSONEN
VORBEREITUNG: 10 MINUTEN
ZUBEREITUNG: 10 MINUTEN

- 250 g getrocknete oder 450 g tiefgefrorene oder frische Udonnudeln (siehe Seite 70)
- 1 EL Sesamöl
- 1 Zwiebel, in Spalten geschnitten
- 2 Knoblauchzehen, gehackt
- 75 g Grünkohl, Weißkohl oder anderes Blattgemüse, klein geschnitten
- 2 Möhren, in dünne Scheiben geschnitten
- 8 Shiitakepilze, halbiert
- 1 EL schwarze oder weiße Sesamsamen, geröstet

YAKI-UDON-SAUCE
- 3 EL helle japanische Sojasauce
- 3 EL Tonkatsu- oder englische HP-Sauce
- 2 EL Mirin (japanischer Reiswein)
- 1 EL Reisessig

In einem Topf Wasser zum Kochen bringen. 1 Tasse kaltes Wasser hinzugießen und die Nudeln dazugeben. Getrocknete Nudeln brauchen 6–7 Minuten, frische 4–5 Minuten und tiefgekühlte 2 Minuten. Die fertig gegarten Nudeln in ein Sieb abgießen, unter warmem Wasser abspülen und beiseitestellen.

Alle Zutaten für die Yaki-Udon-Sauce in einer kleinen Schüssel miteinander verrühren.

Das Öl in einem großen Wok oder einer Pfanne erhitzen. Zwiebel, Knoblauch, Kohl und Möhren darin unter Rühren 3–4 Minuten anbraten.

Yaki-Udon-Sauce, Shiitake und Nudeln hinzugeben und pfannenrühren, bis die Sauce dickflüssig ist und die Nudeln heiß sind. Mit Sesamsamen bestreuen und servieren.

TIPP

Machen Sie Ihre eigene Tonkatsu-Sauce, indem Sie je 1 Esslöffel Worcestersauce, Zucker und Tomatenketchup miteinander verrühren.

Ohne das klassische koreanische Gochujang geht hier gar nichts. Diese vielseitige Paste aus roten Chiliflocken, Reismehl, Malzsirup und fermentierten Sojabohnen hat die salzige Tiefe von Miso, schmeckt aber süßer und ist ausgesprochen scharf. Man verwendet sie meist bei der Zubereitung von Bibimbap, für Grillglasuren oder auch als Basis für eine schnelle Sauce.

KOREANISCHES WOKGEMÜSE

FÜR 4 PERSONEN
VORBEREITUNG: 10 MINUTEN
ZUBEREITUNG: 10 MINUTEN

2 EL Pflanzenöl
2 Zwiebeln, in Spalten geschnitten
1 Knoblauchzehe, gehackt
1 EL frischer Ingwer, fein gehackt
2 Zucchini, in Stifte geschnitten
2 Möhren, in feine Streifen geschnitten
125 g Weißkohl, dick gehobelt
100 g Grünkohl oder anderes Blattgemüse
4 Frühlingszwiebeln, gehackt
1 EL schwarze oder weiße Sesamsamen

GOCHUJANGSAUCE
1 EL Gochujang (koreanische Chilipaste)
2 EL Reisessig
2 EL helle Sojasauce
2 EL Mirin oder Reiswein
1 EL Honig

gedämpfter Reis zum Servieren

Alle Zutaten für die Gochujangsauce in einer kleinen Schüssel glatt rühren.

In einem großen Wok 1 Esslöffel Öl erhitzen. Zwiebeln, Knoblauch und Ingwer darin in 2 Minuten glasig andünsten.

Noch 1 Esslöffel Öl und Zucchini, Möhren und Kohl in den Wok geben und das Gemüse pfannenrühren, bis es gerade beginnt, weich zu werden. Die Gochujangsauce hinzugießen, den in Stücke geschnittenen Grünkohl hineingeben und alles zusammen weitere 2 Minuten pfannenrühren. Das Gemüse sollte heiß sein und die Sauce sollte das Gemüse gleichmäßig überziehen.

Das Gemüse mit Frühlingszwiebeln und Sesamsamen bestreuen und mit Reis servieren.

TIPPS

Hier passen wirklich alle Gemüse, Nudeln, Reis und sogar Fleisch. Versuchen Sie es einmal mit Süßkartoffeln, grünen Bohnen, Brokkoli, Fleisch und Meeresfrüchten.

Sie können Gochujang auch durch eine Mischung aus Miso und Chilisauce zu gleichen Teilen ersetzen.

Die Fleischsauce zu diesem Nudelgericht aus Chinas Norden geizt nicht mit Chiliöl, Knoblauch und Szechuanpfeffer. Traditionell verwendet man Lammfleisch, aber Lammschulter ist schwer von Hand zu hacken, deshalb habe ich hier Schweinehack genommen. Sie können jede dicke Nudelsorte wie Udon (siehe Seite 70) oder sogar Pappardelle nehmen. Ein Rezept für selbst gemachte Nudeln finden Sie auf Seite 214.

CHINESISCHE NUDELN MIT SCHWEINEFLEISCH

FÜR 4 PERSONEN
VORBEREITUNG: 10 MINUTEN
ZUBEREITUNG: 20 MINUTEN

400 g frische oder 250 g getrocknete dicke, breite Nudeln
1 rote Chilischote, in dünne Ringe geschnitten
1 EL Sesamsamen, geröstet

SZECHUAN-SAUCE
2 TL Kreuzkümmelsamen
2 TL Koriandersamen
2 TL Szechuan-Pfefferkörner
2 TL Maisstärke
4 EL geröstete Chiliflocken in Öl, abgetropft, plus 2 EL des Öls
1 Stück frischer Ingwer (3 cm), gehackt
5 Frühlingszwiebeln, grüne und weiße Teile separat in Streifen geschnitten
3 Knoblauchzehen, gehackt
400 g Schweinehack
4 EL helle Sojasauce
5 EL Chinkiang-Reisessig (schwarzer Reisessig)
2 EL Shaoxing-Reiswein

Für die Szechuan-Sauce die Gewürze in einer kleinen Pfanne 30 Sekunden rösten, bis sie duften. Im Mörser oder in der Gewürzmühle grob zerkleinern und beiseitestellen.

Die Maisstärke in 1 Esslöffel Wasser auflösen.

Einen großen Wok erhitzen, das Chiliöl hineingeben und darin den Ingwer, den weißen Teil der Frühlingszwiebeln und den Knoblauch bei mittlerer Hitze 3 Minuten anbraten. Das Hackfleisch hinzugeben und in 4 Minuten knusprig braten. Sojasauce, Chiliflocken, Essig, Reiswein, die aufgelöste Stärke und die gerösteten Gewürze hinzugeben und alles pfannenrühren, bis die Sauce dickflüssig eingekocht ist. Vom Herd nehmen.

Wasser in einem großen Topf zum Kochen bringen. Frische Nudeln darin 2–3 Minuten kochen. Sie sind gar, wenn sie an die Oberfläche steigen. In ein Sieb abgießen und beiseitestellen. Getrocknete Nudeln 6–7 Minuten kochen, dann in ein Sieb abgießen und unter heißem Wasser abspülen, um anhaftende Stärke zu entfernen.

Die Nudeln in den Wok geben und mit zwei langstieligen Löffeln bei mittlerer Hitze pfannenrühren. Das heiße Gericht auf Portionsschalen verteilen und mit den grünen Frühlingszwiebelstreifen, Chiliringen und gerösteten Sesamsamen bestreuen.

TIPP

Achtung: Nicht alle gerösteten Chiliflocken in Öl sind gleich gut! In Asia-Läden findet man diverse Marken, manche enthalten auch Knoblauch oder schwarze Bohnen. Meine Lieblingsmarke ist Lao Gan Ma, die in einem roten Glas mit dem Bild einer alten Dame verkauft wird (der Name heißt übersetzt „Alte Patentante"). Sie genießt rund um den Globus Kultstatus, und auch Sie werden sich bestimmt einen Vorrat zulegen, sobald Sie sie probiert haben.

Es gibt viele Sorten selbst gemachter chinesischer Nudeln. In Lanzhou, im Nordwesten des Landes, zieht und streckt man sie von Hand und kocht sie dann frisch, aber das ist eine hohe Kunst. Die beliebten Biangbiang Mian aus Shaanxi haben ihren Namen von dem peitschenden Geräusch, das sie beim Strecken auf der Arbeitsfläche machen. Mein Teig wird einfach nur ausgerollt und geschnitten, die Herstellung ist also nicht komplizierter als bei anderen Bandnudeln.

HANDGESCHNITTENE NUDELN (LAMIAN)

ERGIBT 450 G NUDELN
VORBEREITUNG: 1 STUNDE PLUS 1 STUNDE RUHEN
ZUBEREITUNG: 5 MINUTEN

250 g Weizenmehl Type 405
125 g Pizzamehl Type 00 oder Spätzlemehl
½ TL Salz, plus Salz zusätzlich
150 ml warmes Wasser
Maisstärke zum Bestreuen

Weizenmehl und Pizzamehl mit dem Salz in die Küchenmaschine geben. Den Knethaken einsetzen und die Maschine starten. Langsam das Wasser zugießen. Weiterrühren, bis der Teig eine Kugel bildet. Ist der Teig zu klebrig, noch etwas Mehl dazugeben, ist er zu fest, hilft 1 Esslöffel Wasser. Jedes Mehl nimmt das Wasser unterschiedlich auf, darauf muss man reagieren.

Den Teig 10–12 Minuten in der Maschine oder von Hand kneten. Sobald er glatt ist und seidig glänzt, mit Frischhaltefolie abdecken und 1 Stunde ruhen lassen.

Zwei große Backbleche mit Backpapier auslegen und mit Maisstärke bestreuen. Den Teig auf einer bemehlten Fläche 2 mm dick ausrollen. In 3 cm breite Streifen schneiden. Jeweils 8–10 Streifen zu einem Nest aufrollen, mit Maisstärke bestreuen und auf die vorbereiteten Backbleche legen.

Die Nudeln entweder sofort kochen oder bis zu 1 Stunde ruhen lassen. Dabei werden sie etwas fester und verkleben später nicht. Sollen sie erst später am Abend oder am nächsten Tag verwendet werden, die Nester mit Backpapier abdecken, anschließend mit Frischhaltefolie einschlagen und kalt stellen. Man kann die Nudeln auch einfrieren.

Wasser in einem möglichst großen Topf zum Kochen bringen. Einige Esslöffel Salz und dann die Nudeln hineingeben. Sobald sie an die Wasseroberfläche steigen, sind sie gar. Abtropfen lassen und in Wokgerichten oder Suppen verwenden.

TIPP

Diese dicken, festen Nudeln sind die perfekte Alternative zu Reis, etwa bei den Szechuan-Garnelen mit knuspriger Chilisauce (siehe Seite 195) oder gebratenem Brokkoli (siehe Seite 215). Sie passen auch perfekt zu kräftigen, fleischhaltigen Suppen wie der Taiwanischen Rinder-Nudel-Suppe (siehe Seite 58).

Wenn Sie nach einer Beilage für die Fleischgerichte eines asiatischen Festmenüs suchen, ist dieses einfache Wokgemüse der ideale Kandidat. Sie können als Alternative auch Wirsing, Grünkohl, Pak Choi oder auch grüne Bohnen nehmen. Den Brokkoli zuerst zu blanchieren ist in der asiatischen Küche nicht üblich, aber das Resultat spricht für sich.

GEBRATENER BROKKOLI MIT KNOBLAUCH & AUSTERNSAUCE

FÜR 4 PERSONEN
VORBEREITUNG: 10 MINUTEN
ZUBEREITUNG: 5 MINUTEN

- 300 g chinesischer Brokkoli (Gai Larn) oder Sprossenbrokkoli
- 2 EL Austernsauce
- 2 EL Shaoxing-Reiswein
- 1 EL helle Sojasauce
- 2 TL Sesamöl
- 3 Knoblauchzehen, in dünne Scheiben geschnitten
- 1 daumenlange rote Chilischote, in dünne Ringe geschnitten
- 100 g Zuckerschoten

Den Brokkoli 1 Minute blanchieren, dann in ein Sieb abgießen und unter kaltem Wasser abschrecken. Auf einem Küchentuch abtropfen lassen.

Austernsauce, Reiswein und Sojasauce in einer kleinen Schüssel verrühren und beiseitestellen.

Kurz vor dem Servieren das Sesamöl in einem großen Wok erhitzen. Knoblauch und Chili darin bei mittlerer Hitze in 1 Minute goldgelb anbraten.

Die Temperatur erhöhen und Zuckerschoten und Brokkoli unter ständigem Rühren 1 Minute erhitzen. Mit der Sauce übergießen und 1 weitere Minute pfannenrühren, bis alles heiß ist.

Bei heißem Wetter gibt es nichts Besseres als eiskalte Granita aus herrlich süßen Sommerfrüchten. Traditionell muss eine Granita jede Stunde gerührt oder geschabt werden, was ein bisschen lästig sein kann. Die einfache Version geht so: fest gefrieren lassen und dann klein hacken.

FRUCHT-GRANITA OHNE RÜHREN

FÜR 4 PERSONEN
VORBEREITUNG: 10 MINUTEN
GEFRIEREN: 4 STUNDEN

150 g Zucker
500 g frisches Obst, küchenfertig
1 EL Limetten-, Zitronen- oder Yuzusaft

Vorschläge für das Obst: Brombeeren, Maracuja, Mango, Honigmelone, Litschi, Himbeeren, Erdbeeren, Kiwi, Wassermelone, Ananas, Papaya

In einem Topf 250 ml Wasser erhitzen, den Zucker darin auflösen und in 5 Minuten zu einem dünnen Sirup kochen.

In eine Gefrierdose gießen und auf Zimmertemperatur abkühlen lassen. Wenn es schnell gehen muss, im Gefrierfach – das dauert etwa 10 Minuten.

Das vorbereitete Obst mit dem Zuckersirup und dem Zitrussaft im Mixer oder in der Küchenmaschine glatt pürieren. In einen großen Gefrierbeutel oder in eine flache Schale gießen. Wer sichergehen will, dass nichts ausläuft, nimmt zwei Gefrierbeutel. Den Beutel im Gefrierfach möglichst flach auslegen. Je dünner die Schicht, desto einfacher lässt sich die Granita später zerkleinern. Das Püree vollständig durchfrieren lassen.

Das Eis im Beutel kurz vor dem Servieren mit dem Nudelholz klein schlagen. Ist Luft im Beutel, ein kleines Loch hineinstechen. Alternativ das gefrorene Fruchtpüree in 5 cm große Stücke zerteilen und im Mixer portionsweise zerkleinern, bis es eine körnige Konsistenz hat.

Die Granita kann jetzt sofort serviert werden. Man kann sie aber auch einige Zeit im Tiefkühlfach aufbewahren. In diesem Fall in eine Gefrierdose füllen, glatt streichen und mit einem Blatt Backpapier abdecken, um Gefrierbrand vorzubeugen.

TIPP

Ein leistungsstarker Smoothie-Mixer oder eine gute Küchenmaschine zerkleinert beim Pürieren der Granita auch Kerne (etwa von Himbeeren) oder Obstfasern, ein einfacher Mixer schafft das nicht. Deshalb das Fruchtpüree am besten vor dem Einfrieren durch ein Sieb streichen.

Japanisches Matcha-Pulver verleiht Glasuren, Speiseeis und Cremes eine tolle grüne Farbe und eine leicht bittere Note. In diesem atemberaubenden Dessert ist es das Tüpfelchen auf dem i. Ich habe schon viele Schokokuchen gebacken, aber dieser ist mein Favorit. Für den Teig verlasse ich mich auf ein Familienrezept meiner Schwägerin Amy.

SCHOKOTORTE MIT MATCHA-BUTTERCREME

FÜR 8 PERSONEN
VORBEREITUNG: 45 MINUTEN PLUS 1 STUNDE KÜHLEN
ZUBEREITUNG: 40 MINUTEN

BODEN
75 g Kakaopulver
350 g Mehl
350 g Zucker
2 TL Backpulver
1 TL Speisenatron
1 TL Salz
2 Eier
250 ml Milch
125 ml Pflanzenöl plus Öl für die Form
2 TL Vanilleextrakt

MATCHA-BUTTERCREME
325 g gesalzene Butter, zimmerwarm
650 g Puderzucker
2 TL Vanilleextrakt
2 EL Matcha-Pulver
3 EL Milch

Den Backofen auf 180 °C (Umluft 160 °C) vorheizen. Zwei 20 cm große oder drei 18 cm große runde Springformen einfetten und mit Backpapier auslegen.

250 ml Wasser zum Kochen bringen und den Kakao damit glatt rühren. Zum Abkühlen beiseitestellen.

Die übrigen trockenen Zutaten in eine Schüssel oder in die Küchenmaschine geben und vermischen.

In einer zweiten Schüssel Eier, Milch, Öl und Vanilleextrakt verquirlen. Dann den abgekühlten Kakao unter die flüssigen Zutaten rühren.

Die flüssigen zu den trockenen Zutaten gießen und mit der Küchenmaschine oder dem Handrührgerät bei niedriger Geschwindigkeit vermengen und 1 Minute gründlich verrühren. Die Masse in die vorbereiteten Backformen füllen. Sie erscheint sehr flüssig, bäckt aber wunderbar luftig. Die Böden 35–40 Minuten auf mittlerer Schiene backen. In den Formen abkühlen lassen, dann herausnehmen.

Für die Matcha-Buttercreme die Butter in der Küchenmaschine oder mit dem Handrührgerät in 6–7 Minuten schaumig aufschlagen. Für diese schaumige Konsistenz muss die Butter vorher unbedingt Zimmertemperatur haben. Den Puderzucker sieben und in Portionen zu je 2 Esslöffeln langsam unter die Butter rühren. Dann den Vanilleextrakt, das gesiebte Matcha-Pulver und die Milch unterziehen, sodass eine glatte Creme entsteht. Bei Bedarf noch 1 Esslöffel Milch einrühren.

Einen Kuchenboden auf eine Servierplatte legen und mit einer dicken Schicht Buttercreme bestreichen. Dann den zweiten Boden daraufsetzen (und eventuell den dritten). Für ein perfektes Äußeres die Torte rundum und obenauf zunächst nur dünn mit Buttercreme bestreichen und 1 Stunde in den Kühlschrank stellen. Wieder herausnehmen und weitere Cremeschichten auftragen, bis die gesamte Buttercreme verbraucht ist.

Wer ein leichtes Dessert als Abschluss eines gehaltvollen Essens sucht, wird hier fündig. Der Sirup mit echter Vanille und Ingwer schmeckt auch gut zu Eiscreme. Stellen Sie Ihren Obstsalat ganz nach Wunsch aus verschiedenen Früchten zusammen.

TROPISCHER OBSTSALAT MIT INGWER-VANILLE-SIRUP

FÜR 4–6 PERSONEN
VORBEREITUNG: 15 MINUTEN
ZUBEREITUNG: 5 MINUTEN

2 reife Mangos
2 reife Papaya
½ kleine Ananas
2 Kiwis
55 g große Kokoschips, geröstet
1 kleine Handvoll Minzeblätter

INGWER-VANILLE-SIRUP
150 g Zucker
1 Vanilleschote, längs aufgeschnitten
4 Scheiben frischer Ingwer

Für den Ingwer-Vanille-Sirup den Zucker mit 150 ml Wasser, der Vanilleschote und dem Ingwer in einem Topf zum Kochen bringen und 4 Minuten zu einem dünnen Sirup einkochen. Vom Herd nehmen und abkühlen lassen. Die Ingwerscheiben herausnehmen. Die Vanilleschote auskratzen und das Mark in den Sirup rühren.

Mango, Papaya, Ananas und Kiwis schälen und in 4 cm große Stücke schneiden. Das Obst auf einer Servierplatte anrichten, mit dem Sirup übergießen und mit gerösteten Kokoschips und Minzeblättern garnieren.

TIPP

Die Kokoschips zum Rösten in den auf 170 °C (150 °C Umluft) vorgeheizten Backofen geben und 8 Minuten rösten, bis sie an den Rändern bräunen.

Asiatisches Essen ist häufig leicht und gesund, Sie müssen also kein schlechtes Gewissen haben, wenn Sie sich mit einem üppigen, cremigen Kuchen zum Nachtisch verwöhnen. Sehr lecker schmeckt er auch mit frisch gerösteten Kokoschips oder Bananenscheiben statt dem Sahnetopping.

SCHOKOCREME-KUCHEN MIT ERDNUSSKROKANT

FÜR 8 PERSONEN
VORBEREITUNG: 30 MINUTEN PLUS 3½ STUNDEN KÜHLEN
ZUBEREITUNG: 5 MINUTEN

BODEN
275 g knusprige, krümelige Kekse (am besten Haferflockenkekse)
100 g Butter, zerlassen, plus Butter für die Form

SCHOKOCREME
250 g Zucker
50 g Kakaopulver
40 g Maisstärke
1 Prise Salz
650 ml Kondensmilch
4 EL Butter
1 TL Vanilleextrakt

ERDNUSSKROKANT
100 g Zucker
50 g gesalzene Erdnüsse, geröstet

TOPPING
300 g süße Sahne
3 EL Zucker
1 TL Vanilleextrakt

Den Backofen auf 200 °C (180 °C Umluft) vorheizen. Die Kekse mit der zerlassenen Butter in den Mixer geben und in kurzen Intervallen gründlich zerkleinern und vermischen. Eine 25 cm große runde Kuchenform fetten. Den Boden und den Rand der Form mit der Krümelmasse auskleiden. 5 Minuten knusprig vorbacken, aus dem Ofen nehmen und abkühlen lassen.

Für die Schokocreme Zucker, Kakao, Stärkemehl und 1 Prise Salz in einen Topf geben. Die Kondensmilch hinzugießen und alles gründlich verquirlen. Bei mittlerer Hitze unter ständigem Rühren aufkochen. 1 Minute köcheln lassen, dann vom Herd nehmen.

Die restliche Butter und den Vanilleextrakt einrühren und die Creme auf den vorgebackenen Boden gießen. Glatt streichen und mit Frischhaltefolie abdecken, damit sich keine Haut bildet. 30 Minuten abkühlen lassen und dann den Kuchen 2–3 Stunden in den Kühlschrank stellen.

Für den Erdnusskrokant den Zucker in einer beschichteten Pfanne bei schwacher bis mittlerer Hitze ohne Rühren auflösen. Die Erdnüsse auf einem Blatt Backpapier verteilen. Sobald der Zucker leicht gebräunt ist, über die Nüsse gießen. 10 Minuten abkühlen lassen, dann in Stücke brechen und grob mit dem Messer hacken.

Kurz vor dem Servieren für das Topping die Sahne mit dem Zucker steif schlagen und den Vanilleextrakt unterziehen. Den gut durchgekühlten Kuchen mit der Sahne bestreichen und mit dem Erdnusskrokant bestreuen.

Das Rezept mag kompliziert klingen, aber ich verspreche Ihnen, es lohnt sich. Sie benötigen ein Küchenthermometer und eine Küchenmaschine, aber wenn Sie den Schritten genau folgen, kann nichts schiefgehen. Selbst gemachte Marshmallows sind viel besser als gekaufte und eine nette Leckerei nach einem asiatischen Essen. Die Menge ist recht groß, aber ein Eiweiß allein lässt sich kaum steif schlagen.

KOKOS-MARSHMALLOWS

ERGIBT 30 MARSHMALLOWS
VORBEREITUNG: 40 MINUTEN PLUS 2 STUNDEN SETZEN
ZUBEREITUNG: 12 MINUTEN

200 g Kokosraspel
10 Blatt Gelatine
500 g Zucker
4 TL Glukosesirup
2 große Eiweiß
1 EL Vanilleextrakt

Den Backofen auf 170 °C (150 °C Umluft) vorheizen. Die Kokosraspel auf zwei Backblechen verteilen und unter einmaligem Wenden 10–12 Minuten rösten, bis sie an den Rändern bräunen. Aus dem Ofen nehmen und abkühlen lassen.

Eine 30 × 20 cm große Backform mit Backpapier auslegen (ideal ist eine Form mit geraden statt gerundeten Ecken). Das Backpapier an den Rändern überstehen lassen. So lässt sich die Marshmallowmasse später gut herausheben. Die Hälfte der gerösteten Kokosraspel in die Form streuen.

Die Gelatine in einer Schüssel mit kaltem Wasser quellen lassen.

In der Zwischenzeit 200 ml Wasser in einen großen, tiefen Topf geben. Zucker und Glukosesirup darin bei mittlerer Hitze auflösen. Dann die Temperatur erhöhen und den Sirup auf 125 °C erhitzen. Wer kein Küchenthermometer hat, gibt einen Löffel des Sirups in eine Tasse mit eiskaltem Wasser. Bildet er im Wasser eine feste, aber flexible Kugel (vor dem Anfassen abkühlen lassen!), hat er die richtige Temperatur.

Während der Zucker kocht, das Eiweiß steif schlagen. Sobald der Zuckersirup die richtige Temperatur erreicht hat, in einen hitzebeständigen Krug gießen und dann unter beständigem Schlagen nach und nach in den Eischnee einarbeiten. Fest gewordene Zuckertröpfchen am Rand der Rührschüssel sind kein Problem. Sie werden von dem Eischnee aufgenommen, sobald dieser an Volumen zunimmt. Ist der gesamte Zuckersirup untergeschlagen, die Gelatineblätter einzeln ausdrücken und nacheinander ebenfalls in den Eischnee einarbeiten. Zum Schluss den Vanilleextrakt hinzugeben und noch 10 Minuten weiterschlagen.

Die Masse in die Backform geben und gleichmäßig verstreichen. Mit den restlichen Kokosraspeln bestreuen. Mindestens 2 Stunden fest werden lassen.

Die Marshmallowmasse mithilfe des überhängenden Backpapiers aus der Backform heben und auf ein Schneidebrett legen. In 6 cm große Würfel schneiden. Das Messer zwischen den einzelnen Schnitten mit Küchenpapier abwischen, damit es nicht zu sehr klebt. Die Würfel in den restlichen Kokosraspeln (die im Backpapier zurückgeblieben sind) wenden. Die Marshmallows halten sich in einer mit Backpapier ausgelegten Keksdose bis zu 1 Woche.

Eine asiatische Variante der typisch australischen Doppeldecker-Kekse. Puddingpulver im Teig sorgt für gelbe Farbe und kräftigen Vanillegeschmack – wer keins zur Hand hat, kann aber auch einfach Speisestärke verwenden. Die Buttercreme lässt sich auch mit Zitrusfrüchten oder Beeren aromatisieren, wählen Sie also ganz nach Lust und Laune.

JO-JO-KEKSE MIT MARACUJAFÜLLUNG

ERGIBT 30 DOPPELKEKSE
VORBEREITUNG: 20 MINUTEN
ZUBEREITUNG: 15 MINUTEN

TEIG
250 g gesalzene Butter, zimmerwarm
220 g Mehl
100 g Puderzucker
75 g Vanillepuddingpulver oder Maisstärke
Fruchtfleisch von 1 Maracuja (etwa 1 EL)

CREMEFÜLLUNG
125 g Butter, zimmerwarm
150 g Puderzucker
2 Maracuja

Den Backofen auf 180°C (160 °C Umluft) vorheizen.

Für den Teig die Butter in der Küchenmaschine oder mit dem Handrührgerät in einer großen Schüssel 2–3 Minuten schaumig schlagen. Mehl, Puderzucker, Puddingpulver oder Maisstärke und das Maracujafruchtfleisch mit den Kernen hinzugeben und alles 2–3 Minuten glatt rühren.

Zwei Backbleche mit Backpapier auslegen. Jeweils 2 gehäufte Teelöffel des Teigs abstechen, zu einer kleinen Kugel formen und auf das Backblech legen. Die Teigmenge ergibt 60 Kugeln, die zunächst sehr klein erscheinen. Sie gehen aber beim Backen noch auf. Die Kugeln mit einer in Speisestärke getauchten Gabel flach drücken. Darauf achten, dass sie etwa 4 cm Abstand zueinander haben. 12–15 Minuten goldgelb backen, dann aus dem Ofen nehmen und abkühlen lassen.

Für die Füllung die Butter in der Küchenmaschine cremig rühren. Den Zucker hinzugeben und die Creme etwa 2 Minuten aufschlagen. Die Maracujafrüchte halbieren, zuerst das Fruchtfleisch durch ein Sieb in die Creme streichen, dann auch die Kerne hinzugeben und alles glatt rühren.

Je 2 Kekse mit etwas Cremefüllung dazwischen zusammensetzen. Die Kekse halten sich in einem luftdicht verschlossenen Behälter bis zu 1 Woche.

Wenn Salz und Karamell so gut zusammenpassen, warum dann nicht auch Miso und Karamell? Für diese Karamellsauce benötigen Sie kein Küchenthermometer, die Zutaten kommen einfach zusammen in eine Pfanne. Statt Bananen können Sie auch anderes Obst, wie Pfirsiche, Pflaumen oder Äpfel verwenden. Wenn Sie kein Miso-Fan sind, verleihen Sie der Sauce mit Sternanis und einem Teelöffel Fünf-Gewürze-Pulver zusätzliches Aroma.

Bananenwaffeln mit Miso-Karamell-Sauce

FÜR 4 PERSONEN
VORBEREITUNG: 10 MINUTEN
ZUBEREITUNG: 15 MINUTEN

500 ml Vanilleeiscreme
4 Waffeln
6 kleine reife, aber noch feste Bananen
3 EL Kokoschips, geröstet
3 EL Cashewkerne, geröstet und gehackt

MISO-KARAMELL-SAUCE
100 g Butter
125 g süße Sahne
175 g Rohrohrzucker
2 TL Shiro-Miso (weiße Misopaste)
1 TL Zimt, gemahlen

Aus dem Vanilleeis 4 Kugeln ausstechen und im Gefrierfach lagern.

Für die Miso-Karamell-Sauce Butter, Sahne und Zucker in einer großen Pfanne erhitzen. Bei schwacher Hitze kochen, bis sich der Zucker aufgelöst hat. Bei mittlerer Hitze wallend 5 Minuten eindicken lassen, dann Miso und Zimt hinzugeben und gut durchrühren.

Kurz vor dem Servieren die Waffeln aufbacken, die Bananen schälen und in Scheiben schneiden, die Sauce falls nötig erwärmen.

Die Waffeln auf Teller verteilen und je 1 Kugel Eis daraufsetzen. Die Bananenscheiben darauf anrichten und alles mit Karamellsauce beträufeln. Zum Servieren mit Kokoschips und Cashewkernen bestreuen.

Tipps

Die Kokoschips zum Rösten in den auf 170 °C (150 °C Umluft) vorgeheizten Backofen geben und 8 Minuten rösten, bis die Ränder leicht bräunen.

Sie können die Waffeln frisch nach Ihrem Lieblingsrezept backen oder fertige Waffeln kaufen und sie im Toaster aufbacken.

Ananas-Stürzkuchen gibt es bestimmt schon seit fast 100 Jahren. Bevor es ordentliche Backformen für die heimische Küche gab, nutzte man einfach eine Pfanne zum Backen. Die Ananasringe wurden gebraten, mit dem Kuchenteig bedeckt, dann gebacken, und schließlich wurde der Kuchen aus der Pfanne gestürzt. Ich habe den Klassiker nun mit ein paar asiatischen Gewürzen wie Sternanis und Zimt verfeinert. Servieren Sie ihn warm mit Crème fraîche oder einer Kugel Eis.

Ananas-Stürzkuchen mit Sternanis

FÜR 8 PERSONEN
VORBEREITUNG: 15 MINUTEN
ZUBEREITUNG: 1 STUNDE 5 MINUTEN

300 g Butter, zimmerwarm
160 g Rohrohrzucker
4 EL heller Zuckerrübensirup
2 Sternanis
2 TL Zimt, gemahlen
1 TL Vanillemark
1 kleine Ananas (450 g Fruchtfleisch)
300 g Mehl
2 TL Backpulver
1 Prise Salz
200 g feinster Zucker
3 große Eier
1 TL Vanilleextrakt
100 ml Vollmilch

Crème fraîche zum Servieren

Den Backofen auf 180 °C (160 °C Umluft) vorheizen.

75 g der Butter mit dem Rohrohrzucker und dem Sirup in einen Topf geben und 5 Minuten erhitzen, bis sich der Zucker aufgelöst hat. Vom Herd nehmen. Den Sternanis in einer Gewürzmühle mahlen und dann mit Zimt und Vanillemark in die Mischung rühren.

Den Boden einer 20 cm großen Springform mit Backpapier so auslegen, dass nichts auslaufen kann. Die flüssige Buttermischung hineingießen. Die Ananas schälen, in 1 cm dicke Ringe schneiden und den Boden der Springform damit auslegen.

Das Mehl in einer Rührschüssel mit dem Backpulver und 1 Prise Salz vermengen.

Die restliche Butter mit dem Zucker in der Küchenmaschine oder einer großen Schüssel mit dem Handrührgerät in 2–3 Minuten schaumig schlagen. Nach und nach die Eier und den Vanilleextrakt einrühren und die Masse noch 2 Minuten luftig aufschlagen. Dann portionsweise abwechselnd Mehl und Milch hinzugeben und einarbeiten. Noch 1 Minute weiterrühren.

Den Teig auf die Ananasscheiben in der Springform füllen und glatt streichen. Den Kuchen 1 Stunde backen und, falls er zu stark bräunt, mit Alufolie abdecken. Wenn er warm auf den Tisch kommen soll, etwa 5 Minuten in der Form abkühlen lassen, dann auf eine Kuchenplatte stürzen und mit Crème fraîche servieren. Soll er kalt serviert werden, kann man ihn in der Form vollständig auskühlen lassen.

Eine ganz individuelle Schokolade selber machen? Geht ganz leicht! Verwenden Sie einfache Koch- und Backschokolade, die besser schmilzt als hochwertige Schokolade mit hohem Kakaoanteil. Achten Sie nur darauf, sie bei schwacher Hitze langsam zu erwärmen. Das geht sogar in der Mikrowelle. Chilistückchen passen wunderbar zu salzigen Nüssen, Schokolade und Beeren.

SCHOKOLADE MIT CHILI, NÜSSEN, KOKOS & BEEREN

ERGIBT ETWA 20 STÜCKE
VORBEREITUNG: 5 MINUTEN PLUS 10 MINUTEN ABKÜHLEN
ZUBEREITUNG: 5 MINUTEN

- 100 g Zartbitterschokolade
- 100 g Milchschokolade
- 150 g weiße Schokolade
- 100 g gesalzene Cashewkerne, geröstet
- 1 TL rote Chiliflocken
- 1 TL Meersalz
- 2 EL große Kokoschips, geröstet und gehackt
- 3 EL gefriergetrocknete Erdbeeren oder Himbeeren

Zwei hitzebeständige Schüsseln auf zwei Töpfe mit Wasser setzen und darauf achten, dass die Schüsseln keinen Kontakt zum Wasser haben.

Sämtliche Schokolade getrennt hacken. Milch- und Zartbitterschokolade bei schwacher Hitze in einer Schüssel schmelzen, die weiße Schokolade in der anderen. Man kann die Schokolade auch 30 Sekunden in der Mikrowelle erhitzen, dann mit dem Teigschaber umrühren und nochmals 30 Sekunden erhitzen.

Ein kleines Backblech mit Backpapier auslegen. Die dunkle und die helle Schokolade schön dick abwechselnd auf das Blech gießen und ein Messer hindurchziehen, um sie zu marmorieren. Nüsse, Chiliflocken, Salz, Kokoschips und Beeren hineinfallen lassen. Die Schokolade auskühlen lassen (im Kühlschrank härtet sie schneller).

In Stücke brechen und servieren.

TIPP

Die Kokoschips auf einem Backblech verteilen und im vorgeheizten Backofen bei 170 °C (150 °C Umluft) 8 Minuten rösten, bis die Ränder bräunen.

Für Eis-Sandwiches braucht man einen weichen Biskiutteig, der gut an der Füllung haftet, wenn man hineinbeißt! Diese Schokokekse sind dafür genau richtig – schöner Biss und perfekte Konsistenz. Experimentieren Sie auch mit anderen Eissorten, wie Kokos, Mango oder Ananas.

EISCREME-SANDWICHES MIT SCHOKO-MINZ-EIS

ERGIBT 10–12 EIS-SANDWICHES
VORBEREITUNG: 30 MINUTEN
ZUBEREITUNG: 10 MINUTEN

SCHOKOKEKSE
125 g Butter, zimmerwarm
100 g feinster Zucker
100 g Rohrohrzucker
1 Ei
1 TL Vanilleextrakt
125 g Mehl
¼ TL Meersalz
45 g Kakaopulver
½ TL Speisenatron
75 g Schokoladentropfen

EISCREME
500 ml Minzeis mit Schokostückchen

Den Backofen auf 180 °C (160 °C Umluft) vorheizen.

Butter und Zucker in der Küchenmaschine oder mit dem Handrührgerät 2–3 Minuten schaumig schlagen. Ei und Vanilleextrakt einrühren, dann Mehl, Salz, Kakaopulver und Natron hinzugeben und alles noch 1 Minute glatt rühren. Die Masse sollte etwas klebrig sein, dann ist sie genau richtig.

Zwei Backbleche mit Backpapier auslegen. Jeweils 1 gehäuften Esslöffel der Masse abstechen und auf die Backbleche setzen, leicht flach drücken. Insgesamt sollten es 20–24 Kekse werden. Die Kekse 6 Minuten backen, dann die Position der Backbleche tauschen und die Kekse weitere 6 Minuten backen, bis sie außen fest, in der Mitte aber noch weich sind.

Aus dem Ofen nehmen und 5 Minuten auf den Blechen abkühlen lassen. Die Kekse wirken nicht ganz durchgebacken und kleben ein wenig, garen aber beim Abkühlen noch nach. Sobald sie kühl sind, auf einem Kuchengitter vollständig auskühlen lassen. Sie halten sich in einem luftdicht verschlossenen Behälter 4 Tage.

Das Eis aus dem Gefrierfach nehmen und einige Minuten weich werden lassen. Jeweils 1 oder 2 kleine Eiskugeln zwischen 2 Kekse geben und flach drücken. Die fertigen Eis-Sandwiches in eine Gefrierdose geben, abdecken und sofort ins Gefrierfach stellen. Kurz vor dem Servieren herausnehmen.

Kein traditionell asiatischer Nachtisch, aber dank des erfrischenden Limettengeschmacks ein schöner Abschluss nach Gerichten mit Chili, Sojasauce und Ingwer. Der knusprige Boden aus Keksen und Kokos wird gebacken und die Käsemasse wird dank Gelatine fest. Das Obst ist reine Geschmackssache. Verwenden Sie, was gerade Saison hat.

LIMETTEN-KÄSEKUCHEN MIT ERDBEEREN

SERVES 8
VORBEREITUNG: 30 MINUTEN PLUS 4 STUNDEN KÜHLEN
ZUBEREITUNG: 15 MINUTEN

BODEN
- 150 g knusprige Kekse, wie Hafer- oder Ingwerkekse
- 30 g Kokosraspel
- 50 g Butter, zerlassen, plus Butter für die Form

KÄSEFÜLLUNG
- 4 Blatt Gelatine
- 1 EL kochendes Wasser
- 600 g Doppelrahmfrischkäse
- 200 g süße Sahne
- 1 TL Vanillemark
- 150 g Zucker
- 60 ml Limettensaft
- 1 EL abgeriebene Schale von einer unbehandelten Limette

TOPPING
- 100 g Zucker
- 100 ml süßer Dessertwein oder Prosecco (oder Wasser)
- 10 Erdbeeren, geputzt und halbiert
- 1 EL abgeriebene Schale von einer unbehandelten Limette

Den Backofen auf 200 °C (180 °C Umluft) vorheizen.

Die Kekse in der Küchenmaschine zu feinen Krümeln zerkleinern, dann mit den Kokosraspeln und der Butter vermengen. Eine 18 cm große Springform fetten und die Krümelmasse darin verteilen (in einer 20 cm großen Form wird der Kuchen etwas flacher). Mithilfe eines Messbechers oder eines Wasserglases die Krümel fest in die Form drücken. Den Boden 8 Minuten backen, dann vollständig auskühlen lassen.

Für die Füllung die Gelatine etwa 5 Minuten in einer Schüssel mit kaltem Wasser quellen lassen. Überschüssiges Wasser herausdrücken. Dann die Gelatine mit dem kochenden Wasser bedecken und darin auflösen.

Den Frischkäse in der Küchenmaschine oder mit dem Handrührgerät glatt rühren. Sahne, Vanillemark, Zucker, aufgelöste Gelatine, Limettensaft und -schale hinzugeben. Die Käsemasse 1 Minute glatt rühren, dann auf den Kuchenboden gießen. Mit Frischhaltefolie abdecken und mindestens 4 Stunden oder über Nacht im Kühlschrank fest werden lassen.

Für das Topping den Wein mit dem Zucker in einen kleinen Topf geben und 5 Minuten zu Sirup einkochen. Lauwarm abkühlen lassen, dann die Erdbeeren hineingeben. Das Topping vollständig abkühlen lassen und erst kurz vor dem Servieren über den Kuchen geben. Mit Limettenschale bestreuen.

TIPP
Wenn Sie lieber Gelatinepulver verwenden, mischen Sie 1 Esslöffel (1 Tütchen) mit 2 Esslöffeln Wasser. In der Mikrowelle 30 Sekunden auflösen und dann unter die Frischkäsemasse rühren.

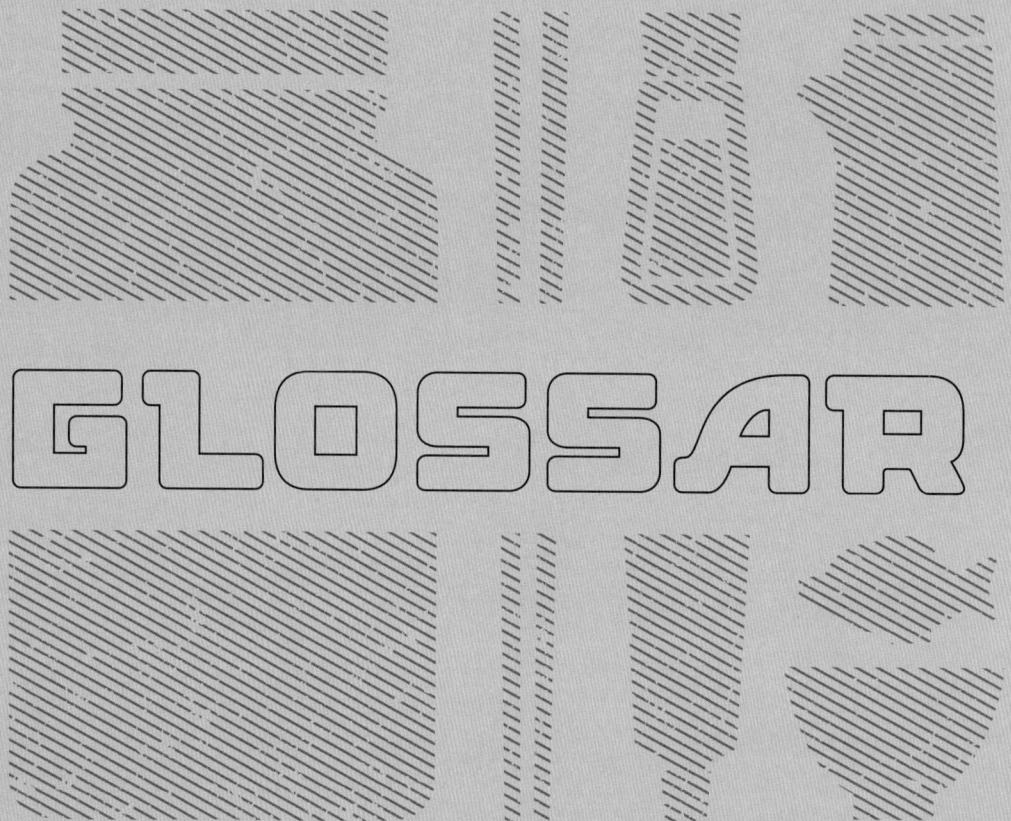

ÖLE

CHILIÖL
Das rötliche Öl besteht aus neutralem Pflanzenöl, versetzt mit getrockneten roten Chiliflocken und Gewürzen. Es wird fast überall in Asien für Wokgerichte, Dressings und Suppen verwendet. Das japanische La-Yu-Öl unterscheidet sich hierbei von allen anderen, da es mit Sesamöl hergestellt wird.

ERDNUSS- UND PFLANZENÖL
Erdnussöl eignet sich gut zum Braten oder Frittieren, da es einen hohen Rauchpunkt hat und einen nussigen Geschmack besitzt. Aufgrund seines vergleichsweise hohen Preises wird man aber nicht immer dazu greifen wollen. Eine gute Alternative sind daher reine Pflanzenöle, wie Sonnenblumen-, Raps- oder Maiskeimöl. Kaufen Sie sortenreine Öle, keine Mischungen, und achten Sie auf die Qualitätsangabe. Raffinierte Öle eignen sich besser zum Braten, kalt gepresste für Salate und kalte Speisen.

KOKOSÖL
Aus dem Fruchtfleisch der Kokosnuss kalt gepresst. Kokosöl verleiht Gerichten eine zarte exotische Note. Bei Zimmertemperatur ist es fest, wird aber beim Erhitzen schnell flüssig. Da Kokosöl einen hohen Anteil gesättigter Fette aufweist, sollte es sparsam genutzt werden. Geeignet für Currys oder auch für Gemüsechips.

SESAMÖL
Aus ungerösteten Sesamsamen wird ein helles Öl von eher neutralem Geschmack gewonnen, das sich gut zum Braten und Frittieren eignet. Außerdem gibt es Sesamöl aus gerösteten Samen. Von dunkler Farbe und intensiv nussigem Geschmack, dient es der Aromatisierung von Speisen. Kaufen Sie nur kleine Flaschen, da das Öl sein Aroma schnell verliert. Wer Platz im Kühlschrank hat, sollte es am besten dort lagern.

ZUCKER

KANDISZUCKER
Der gelbe chinesische Kandiszucker ist Kristallzucker, der mit Zuckercouleur gefärbt wird. Er wird in herzhaften Gerichten wie Schweinefleisch Char Sui verwendet, dem er eine honigartige Glasur verleiht. Alternativ kann man auch dunklen europäischen Kandis verwenden. Vor dem Erhitzen im Mörser zerstoßen, löst er sich schneller auf.

PALMZUCKER
Der in der Küche Südostasiens häufig verwendete Palmzucker hat einen karamellartigen Geschmack. Er wird aus dem Saft der Blütenstände verschiedener Palmen gewonnen, der eingekocht wird, bis er kristallisiert. Palmzucker ist gepresst am Stück erhältlich oder als einfacher zu verwendender Streuzucker. Für thailändische und vietnamesische Dressings, Glasuren und Eintöpfe ist er unerlässlich. Bewahren Sie die Packung nach dem Öffnen im Kühlschrank auf.

KOKOSNUSS

KOKOSMILCH/KOKOSNUSS-CREME
Das Fruchtfleisch der Kokosnuss wird geraspelt, mit Wasser versetzt und ausgepresst – das ist die Kokosmilch. Sie kommt in Dosen oder Tetrapaks in den Handel. Kokosnuss-Creme ist eine sehr dickflüssige Kokosmilch – nichts anderes als die cremige Schicht, die sich oben auf der Kokosmilch absetzt, wenn sie länger steht.

KOKOSRASPEL
Das fein geraspelte Fruchtfleisch der Kokosnuss. Wird es gröber geraspelt, spricht man von Kokoschips. Sie verleihen Currys, Salaten und Süßspeisen eine exotische Note. Kaufen Sie keine gesüßten Kokoschips – sie eignen sich eher zum Backen oder als Snack.

CHILI

CURRYPASTEN
In Asia-Läden findet man Currypasten in unzähligen Varianten. Ihre Qualität ist meist sehr gut, und es lohnt sich, immer ein paar im Kühlschrank zu haben. Die meisten enthalten Zitronengras, Galgant, Ingwer, Knoblauch, Kaffirlimettenblätter, Garnelenpaste, Schalotten und gemahlene Gewürze wie Kurkuma und Koriander. Thailändische rote Currypaste enthält darüber hinaus meist auch noch getrocknete und frische Vogelaugen-Chilischoten. Malaysische rote Penang-Currypaste ist etwas milder und süßer und enthält manchmal Erdnüsse. Thailändische Massaman-Currypaste enthält dank arabischer Einflüsse Gewürze wie Nelken und Zimt. Sie wird für das gleichnamige Currygericht mit Kartoffeln, Fleisch und Erdnüssen benötigt. Thailändische gelbe Currypaste ist säuerlicher als die rote Variante und enthält indisches Currypulver und Kurkuma. Manchmal wird sie auch als saure Currypaste bezeichnet. Die berühmte thailändische grüne Currypaste verdankt ihre Farbe reichlich grünen Chilischoten, Kaffirlimettenblättern und Koriandergrün.

GERÖSTETE CHILIFLOCKEN IN ÖL
Sind als Chiu-Chow-Chiliöl oder -Chilipaste erhältlich. Das Öl lässt sich zum Kochen verwenden, die eigentliche Geschmacksbombe ist aber die Paste. Die chinesische Variante enthält oft zusätzlich noch Schalotten, Szechuan-Pfefferkörner und schwarze Bohnen. Die berühmteste chinesische Marke trägt das Bild einer alten Dame auf dem Etikett und genießt weltweit Kultstatus. Als Dipsauce für Teigtaschen und als Zutat für Wokgerichte, Nudelsuppen und Currys sind geröstete Chiliflocken in Öl aus der asiatischen Küche nicht wegzudenken.

NAM PRIK
Sie wird aus gerösteten Chilischoten, Schalotten, Knoblauch, Tamarindenpaste und Garnelenpaste zubereitet und ist der bestimmende Geschmack der Tom-Yum-Suppe und toll für schnelle thailändische Wokgerichte. Bewahren Sie sie im Kühlschrank auf und nutzen Sie sie in Suppen, Currys und Erdnusssauce.

ROTE CHILISAUCE
Eine dünnflüssige, scharfe Sauce, die vor allem als Dip für Frittiertes dient. Besonders bekannt ist Sriracha aus Thailand, sie ist würziger als ihre chinesischen und malaysischen Gegenstücke. Malaysische Chilisaucen sind süßer und milder und enthalten oft weitere Zutaten wie Ingwer.

SAMBAL OELEK
Das einfachste der indonesischen und malaysischen Sambals besteht aus roten Chilischoten, Essig und Salz. Es ist perfekt, wenn man für einen schnellen Dip oder eine Marinade keine frischen Chilischoten hacken möchte. Es gibt viel komplexere Sambals, die zusätzlich Zitronengras, Knoblauch, Kaffirlimettenblätter, Tamarindenpaste, Garnelenpaste, Zwiebeln oder Ingwer enthalten, aber das einfache Sambal Oelek eignet sich für viele Zwecke.

SRIRACHA-SAUCE
Die thailändische Chilisauce besteht aus verschiedenen roten Chilisorten, Zucker, Knoblauch und Essig. Sie wird als Dip, für eine scharfe Mayonnaise, für Wokgerichte und als Würze in Nudelsuppen verwendet und ist in vielen asiatischen Haushalten zu finden. Sie ist sehr scharf. Als Dip wird sie daher gerne mit etwas Reisessig verdünnt, um sie abzumildern.

SOJASAUCE

Sojasauce ist ein Grundpfeiler der asiatischen Küche. Sie wird durch Fermentieren von Sojabohnen und Reis oder Getreide mithilfe von Edelschimmel hergestellt. Jedes Land hat eigene geschmackliche Vorlieben. Shoyu (japanische Sojasauce) ist süßer und klarer, chinesische und thailändische Sojasaucen sind eher salzig. Tamari ist eine glutenfreie Variante. Sie ist intensiver, man benötigt also weniger. Ideal wäre, wenn man möglichst viele verschiedene Sojasaucen nutzen könnte, aber der Vorratsschrank ist irgendwann auch voll.

HELLE SOJASAUCE
Sowohl in China als auch in Thailand wird die gewöhnliche Sojasauce als helle oder leichte Sojasauce bezeichnet. Sie ist salziger als japanische Sojasaucen, bei denen „leicht" salzarm bedeutet. Sojasaucen sind universell für Dressings, Marinaden, aber auch Wok- und Schmorgerichte einsetzbar.

DUNKLE SOJASAUCE
Dient hauptsächlich zum Kochen und für Marinaden. Sie wird genauso hergestellt wie helle Sojasauce, enthält aber Melasse und reift länger. Deshalb ist sie ist weniger salzig, benötigt aber Hitze, um ihre Aromen aufzuschließen. Sie sollte daher nicht für Rezepte und Dips verwendet werden, die nicht erhitzt werden.

KECAP MANIS
Die aus fermentierten schwarzen Sojabohnen, Getreide, Edelschimmel und Palmzucker hergestellte Sauce ist dicker und hat einen süßeren Geschmack als herkömmliche Sojasauce. In Malaysia und Indonesien ist sie für Dipsaucen, Dressings, als Sauce für Wokgerichte und Marinaden sehr beliebt und wird gerne mit etwas Reisessig, Chili und Limette verfeinert. In Thailand gibt es ein ähnliches Produkt, das See Ew Waan heißt, übersetzt „süße Sojasauce".

THAILÄNDISCHE SOJASAUCE
Es gibt zwei thailändische Produkte, die man leicht verwechseln kann. Süße thailändische Sojasauce (See Ew Waan) ähnelt Kecap Manis und kann genauso verwendet werden. Schwarze thailändische Sojasauce (See Ew Dam) ist salziger und süßer und wird für ganz bestimmte Saucen und Wokgerichte genutzt. Und dann gibt es noch Thai Golden Mountain Seasoning Sauce, eine Geheimwaffe der thailändischen Küche, hergestellt aus fermentierten Sojabohnen, Salz und Zucker. Sie ist mit Worcestersauce oder Maggi vergleichbar und kann als vegetarischer oder veganer Ersatz für Fischsauce genutzt werden, um Wokgerichten eine kräftige Umami-Note zu verleihen.

HOISIN-SAUCE
Die beliebte chinesische Würzsauce wird für Dips, Glasuren, Grillsaucen und Wokgerichte gleichermaßen verwendet. Sie wird aus gelben Sojabohnen, Chilischoten, Fünf-Gewürze-Pulver, Knoblauch und Essig hergestellt. Ihr kräftiger süß-salziger Geschmack passt zu vielen asiatischen Gerichten.

FERMENTIERT

DOUCHI
Nicht zu verwechseln mit schwarzer Bohnensauce, sind Douchi getrocknete, fermentierte schwarze Sojabohnen, die für Saucen verwendet werden. Man kann sie in das berühmte Mapo Doufu geben, in Saucen für Wokgerichte und in Fleischglasuren. Qualitativ meist hochwertiger als die fertige Sauce aus schwarzen Bohnen, sollten sie sparsam genutzt werden, da sie sehr intensiv schmecken.

GOCHUJANG
Die koreanische Chilipaste Gochujang ist dickflüssig und glänzend. Sie besteht unter anderem aus gemahlenen Chilischoten, Reismehl, Zucker und fermentierten Sojabohnen. Mit Reisessig und Zucker wird sie zur köstlichen Sauce für Bibimbap und koreanische Brathähnchen. Die komplexen süßen und würzigen Aromen der Paste passen gut zu Wokgerichten, Nudeln, Eintöpfen und Suppen, schmecken aber auch toll in Mayonnaise für Burger und Tacos oder zu Gegrilltem.

HELLE CHINESISCHE SOJABOHNENPASTE
Die aus gelben Sojabohnen, Weizen und Salz hergestellte Paste ist eher braun. Sie wird im Pekinger Nudelgericht Zha Jiang Mian verwendet, was übersetzt „gebratene Saucennudeln" bedeutet. Sie passt gut zu Dipsaucen und Fleisch oder Geflügel. Alternativ können Sie weiße Misopaste (Shiro Miso) verwenden.

MISO
Es gibt viele verschiedene Sorten von Misopaste, von denen hauptsächlich zwei genutzt werden. Das helle Shiro-Miso eignet sich perfekt für Dressings und Suppen und hat einen milden, süßen und zugleich salzigen Geschmack. Das rote Aka-Miso ist intensiver, da es länger fermentiert. Es wird vorsichtig dosiert in Glasuren und Grillsaucen verwendet. In Korea verwendet man eine Misopaste namens Doenjang. Mit Gochujang gewürzt, wird daraus die berühmte Ssamjang-Sauce, die zu gegrilltem Bulgogi in Salatblättern gereicht wird. Geöffnete Packungen sollten im Kühlschrank aufbewahrt werden.

TAO JIEW
Die thailändische fermentierte Sojabohnenpaste wird wie Fischsauce in Flaschen verkauft und ist das thailändische Äquivalent zu Miso oder chinesischer heller Sojabohnenpaste, aber dünnflüssiger. Man nutzt sie für Wokgerichte, Chilisaucen, Suppen und Dips.

TIAN MIAN JIANG
Im Handel auch als Sweet Bean Sauce zu finden, besteht sie aber nur zu einem sehr geringen Teil aus Sojabohnen, die Hauptzutat ist fermentierter Weizen, dazu Zucker und Salz. Süßer als helle Sojabohnenpaste, wird sie aber für dieselbe Art von chinesischen Gerichten genutzt. Nicht mit süßer Bohnenpaste bzw. Adzukibohnenpaste zu verwechseln, die ausschließlich für Süßspeisen verwendet wird und rot ist.

TOBAN DJAN
Die scharfe Chili-Bohnen-Sauce besteht aus fermentierten Dicken Bohnen, Salz, Reis, Chilischoten und Gewürzen. Feurig scharf und salzig, ist sie eine Hauptzutat von Mapo Doufu, Suppen, Nudelgerichten, Wokgerichten und Eintöpfen. Die chinesische Sauce wird auch in Japan geschätzt und dort gerne zu Ramen, in Misoglasuren und asiatischem Fondue gegessen. Nach dem Öffnen am besten im Kühlschrank aufbewahren.

UMEBOSHI
Diese japanischen milchsauer eingelegten Ume-Früchte erinnern an getrocknete Aprikosen und werden als Snack gegessen oder zum Frühstück oder Mittagessen in Onigiri (japanische Reisbällchen mit Nori) gegessen. Nach der

Ernte werden die Früchte in Salz eingelegt und gepresst. Sie sind reich an Ascorbinsäure und sind angeblich hilfreich bei Erkältungen, Kater und diversen Alterserscheinungen. Püriert lassen sie sich zu köstlichen Dressings, Saucen und Fleischglasuren verarbeiten. Umeboshi sind als Paste im Glas oder eingelegt als ganze Früchte erhältlich. Letztere sind etwas süßer und meist von besserer Qualität.

FISCH

AUSTERNSAUCE
Für diese traumhafte Sauce wird Austernextrakt eingekocht und mit Zucker, Sojabohnen und Stärkemehl karamellisiert. Ihr salziger Fischgeschmack verleiht Wokgerichten ebenso wie Glasuren und Grillsaucen eine unvergleichliche geschmackliche Tiefe. Besonders hochwertige Marken werden noch traditionell mit fermentierten Austern anstelle vom heute üblichen Austernextrakt hergestellt.

FISCHSAUCE
Fischsauce wird in allen asiatischen Ländern verwendet und gehört dort zu den fünf wichtigsten Zutaten im Vorratsschrank. Sie wird aus fermentierten, gesalzenen Sardellen hergestellt und verleiht Gerichten ein magisches, salziges Aroma. Mit Limette, Chili und Zucker verwandelt sie sich zu Nuoc Cham, einer in Südostasien beliebten Dipsauce. Aber auch sonst ist Fischsauce in der asiatischen Küche einfach nicht wegzudenken.

GARNELENPASTE
Kapi oder Gapi (Thailand) und Belacan (Malaysia) sind die bekanntesten Namen für diese kräftige, salzige Paste. Kleine Garnelen werden mit Salz zerkleinert, an der Sonne getrocknet und verpackt. Man wundert sich zunächst, wie so eine schlecht riechende Zutat ein so wunderbar tiefes Aroma erzeugen kann, aber das ist nun einmal die Magie der salzigen, fischigen Umami-Elemente der asiatischen Küche. Kapi wird in Currypasten und Chilisauce gerührt und findet in indonesischen und malaysischen Saucen Verwendung. Dosieren Sie die intensive Paste eher zurückhaltend.

GETROCKNETE GARNELEN
Ob in chinesischer XO-Sauce, in thailändischem Salat aus grüner Papaya, in koreanischen Suppen oder malaysischer Currypaste – getrocknete Garnelen sind ein fester Bestandteil der asiatischen Küche. Frische, kleine Garnelen werden in der Sonne getrocknet und dann luftdicht verpackt. Nach dem Öffnen der Packung in ein Schraubglas umfüllen und gut verschlossen im Kühlschrank aufbewahren.

KATSUOBUSHI
Katsuobushi sind nach dem Echten Bonito benannt, der auf Japanisch Katsuo heißt. Der Fisch wird getrocknet, geräuchert und mit Koji-Edelschimmel fermentiert, bis er holzartig ist. Das kann von 2 Monaten bis zu 2 Jahren dauern. Der harte Fisch wird dann in hauchdünne, papierartige Flocken gehobelt, die für Dashi Verwendung finden oder über Agadashi Tofu oder Okonomiyaki gestreut werden. Zusammen mit Kombu-Seetang ist diese Zutat die Grundlage für den typischen Geschmack der Dashibrühe. In der ungeöffneten Packung sind sie bis zu 1 Jahr haltbar.

SAUER

CHINKIANG-ESSIG
Aus schwarzem Klebreis hergestellter Essig. Schwarzer Reisessig ist ein wesentlicher Bestandteil der asiatischen Küche und aufgrund seines sehr eigenen Geschmacks kaum zu ersetzen. Er verleiht Dressings, Nudelgerichten, Dipsaucen für Teigtaschen und Schmortöpfen eine würzig-süße Malznote.

MIRIN
Mirin wird aus Reiswein hergestellt und gleicht Sake, enthält aber weniger Alkohol und mehr Zucker. Er eignet sich gut, um andere salzige Zutaten wie Sojasauce oder Miso etwas zu verdünnen und abzumildern. Der in der japanischen Küche allgegenwärtige Mirin gehört in jeden Vorratsschrank.

REISESSIG
Japanischer Reisessig, auch Reisweinessig genannt, ist hellgelb und milder und süßer als westliche Essigsorten. Chinesischer Reisessig ist hingegen klar und sehr sauer und eignet sich daher nur für spezielle Anwendungen. Für Dressings, Dipsaucen, Schmorgerichte etc. nimmt man am besten japanischen Reisessig.

SAKE
Dieser japanische Reiswein wird vor allem in der Präfektur Hyogo auf der Insel Honshu aus fermentiertem poliertem Reis hergestellt. Der spezielle Mineraliengehalt des Wassers trägt zu seinem speziellen Geschmack bei. Sake wird nicht nur kalt oder warm getrunken, sondern auch in vielen japanischen Gerichten verwendet. Ähnlich wie Mirin sorgt er in Saucen für harmonische Balance.

SHAOXING-REISWEIN
Ein chinesischer Reiswein, der für Schmorgerichte, wie den berühmten Schweinebauch Char Sui, für Wokgerichte und Marinaden verwendet wird. Aus fermentiertem Klebreis hergestellt, erinnert er im Geschmack eher an Sherry als an Sake. Er ist fester Bestandteil der chinesischen Küche und in jedem Asia-Laden und vielen Supermärkten zu finden.

TAMARINDENPASTE
Tamarinde verleiht Currys, Glasuren, Dipsaucen und Wokgerichten eine tiefe, säuerliche Note. Für die Rezepte in diesem Buch benötigen Sie immer wieder Tamarinde. Sie sorgt für ein harmonisches Zusammenspiel zwischen süßen, sauren, salzigen und würzigen Noten. Die Paste wird aus den zerstampften Samenhülsen eines tropischen Baums gewonnen. Sie ist gepresst (mit den Samen oder bereits durch ein Sieb gestrichen) im Glas erhältlich als Tamarindenpaste oder auch als Tamarindenpüree. Ist die Paste sehr dick, verdünnt man sie mit Wasser.

YUZU
Diese einzigartige Zitrusfrucht ist in Japan, Korea und China heimisch. Sie wird wegen ihres duftenden, aromatischen Safts geschätzt, der nach einer Mischung aus Limette und Grapefruit schmeckt. Man träufelt ihn über Sashimi oder rührt ihn in Dressings und Dips. Er wird in Flaschen verkauft und muss gekühlt werden. Alternativ können Sie Limetten- und Ananassaft zu gleichen Teilen mischen. Die Yuzuschale wird kandiert, für Gewürzmischungen getrocknet oder mit grünen und roten Chilischoten und Salz zu feuriger Yuzu-Kosho-Paste zermahlen, die besonders gut zu Grillfleisch und -fisch, Ramen und Eintöpfen passt.

JAPAN

GETROCKNETE SHIITAKEPILZE
Diese vorwiegend in Japan, China und Korea genutzten Pilze liefern ein tiefes Umami-Aroma. Zusammen mit Kombu verleihen sie (veganen) Fonds, Dashi- und Gemüsebrühe ein rauchiges Aroma. Die Pilze werden eingeweicht und für Eingelegtes, Wokgerichte, Frühlingsrollen oder Suppen verwendet.

KARASHI
Eine feurig scharfe japanische Würzpaste aus braunem Senf. Sie wird in Tuben verkauft und zu Tonkatsu (paniertem Schweinefleisch) gereicht. Misodressing oder Dipsaucen verleihe ich mit ein wenig Karashi gerne einen besonderen Kick. Alternativ können Sie scharfen Senf oder Senfpulver verwenden.

KEWPIE-MAYONNAISE
Diese Mayonnaise hat inzwischen international Kultstatus und wird in Drückflaschen mit Sterntülle verkauft. Mit reichlich Eigelb und Reisessig hergestellt, gibt sie Dipsaucen eine würzige Note, eignet sich aber auch für ein Dressing für Kartoffelsalat. Traditionell wird sie zu Takoyaki (knusprige Oktopusbällchen) und Okonomiyaki (japanische Pizza) gereicht.

KOMBU
Kombu, ein schwarzer getrockneter Seetang, der vor der Küste Japans geerntet wird, ist eine wichtige Komponente von Dashibrühe. Er wird in flachen, breiten Blättern verkauft, die lange haltbar sind. Eingeweicht nimmt er eine dunkelgrüne Farbe an und wird gehackt besonders gerne in Misosuppe oder mit Reisessig als Salat gegessen.

NORI
Die glänzenden, grünschwarzen Blätter, in die Maki-Sushi eingewickelt wird, werden aus zerkleinerten und gepressten Algen hergestellt. Noriblätter werden in verschiedenen Qualitätsstufen von einfachen hellgrünen bis hin zu hochwertigen dunkelgrünen Blättern verkauft. Übrig gebliebene Blätter kann man über offener Flamme rösten, zerkrümeln und über Nudeln, Salate, Reis oder Okonomiyaki streuen.

WASABI
Wasabipaste, die scharfe, die Nebenhöhlen befreiende Begleitung von Sushi, wird aus japanischem Meerrettich hergestellt, der auch Wassermeerrettich genannt wird. Man bekommt aber nur selten echten Wasabi zum Sushi. Meist handelt es sich um eine Paste aus Meerrettich, Senf und grüner Farbe. Echte Wasabipaste ist selten und milder im Geschmack.

GEWÜRZ-MISCHUNGEN

CURRYPULVER
Diese indische Würzmischung kann zwischen 5 und 30 unterschiedliche Gewürze enthalten. Es gibt auch gutes japanisches Currypulver und eine vietnamesische Variante mit Anattopulver. Currypulver findet man überall in der asiatischen Küche. Eine milde gelbe Mischung wie Madrascurry eignet sich für die meisten Zwecke.

GETROCKNETE ROTE CHILISCHOTEN
Es gibt eine unfassbare Vielfalt an getrockneten roten Chilis, deshalb sollte man sich lieber auf die Größe und Farbe konzentrieren als auf den Namen. Je kleiner die Schote, desto schärfer ist sie meist, und umgekehrt. Die Haut sollte glänzen und weich sein, meiden Sie also braune, brüchige Chilis, die meist alt und bitter sind. Chilis für Currys sind einfacher zu entkernen, wenn sie etwas größer sind. Ich greife manchmal zu mexikanischen Chilis, weil sie groß, intensiv und frisch sind. Für Wokgerichte mit ganzen getrockneten Schoten nehme ich gerne Szechuan-Chilischoten mit ihrem einzigartigen Duft. Bewahren Sie getrocknete Chilis in Gefrierbeuteln im Kühlschrank auf, dadurch hält sich das ätherische Öl in den Schoten länger.

FÜNF-GEWÜRZE-PULVER
Diese klassische Gewürzmischung für Pekingente und Schweinebauch ist vor allem in China und Taiwan beliebt, wo sie die unverzichtbare Basis für Schmorgerichte, Grillsaucen, Glasuren und Marinaden bildet. Es gibt zwar zahlreiche Varianten, aber Sternanis, Gewürznelken, Zimt, Szechuanpfeffer und Fenchelsamen sind immer darin enthalten.

FURIKAKE
Dieses Umami-starke japanische Gewürz gibt es in zahllosen Varianten. Meist enthält es aber gemahlene Bonitoflocken oder anderen Trockenfisch, Nori, Sesamsamen, Chili, getrocknetes Ei und Hefeextrakt. Das klingt vielleicht nicht so verlockend, schmeckt aber auf Reis, Salaten, Eiern und Suppen fantastisch. Furikake ist auch ein schönes Gewürz für panierten und gebratenen Tofu.

GOCHUGARU
Diese koreanischen Chiliflocken sind unerlässlich für Kimchi, Bulgogi und andere Marinaden. In der Sonne getrocknete Chilis werden entkernt und dann grob gemahlen. Ohne die Kerne sind sie nicht allzu scharf und haben einen rauchigen, fruchtigen Geschmack. Sie können Gochugaru als Ersatz für getrocknete Chilis verwenden. Am ehesten findet man Gochugaru in Asia-Läden und natürlich online.

SCHWARZE UND WEISSE SESAMSAMEN
Die in der asiatischen Küche unverzichtbaren Sesamsamen liefern eine nussige Note und sehen dabei auch noch hübsch aus. Es handelt sich um die Samen der Sesampflanze, und der einzige Unterschied zwischen ihnen besteht darin, dass weiße Samen geschält sind. Die schwarzen Samen werden vor dem Verpacken vorgeröstet und müssen nicht mehr geröstet werden. Weiße Sesamsamen röstet man unter häufigem Wenden bei sehr schwacher Hitze 10 Minuten in der trockenen Pfanne. Ich röste meist gleich eine größere Menge und stelle sie in einem Schraubglas in den Kühlschrank. Für Dressings und Suppen zerstoße ich sie noch warm im Mörser.

STERNANIS

Die getrockneten Früchte eines chinesischen Baums. Sie sind wegen ihrer wunderbaren Süßholz- und Anisnoten beliebt und finden in Schmorgerichten, Suppen und Saucen Verwendung. Sternanis ist zudem ein Bestandteil des Fünf-Gewürze-Pulvers.

SHICHIMI TOGARASHI

Der Name bedeutet übersetzt „Sieben-Gewürz-Chilipfeffer" und weist schon auf die Anzahl der beteiligten Gewürze hin. Meist enthält die Mischung Chilischoten, Orangenschale, schwarze und weiße Sesamsamen, Sansho-Pfeffer, Ingwer, Seetang und Hanfsamen, aber das variiert von Marke zu Marke. Shichimi Togarashi ist unverzichtbar für japanische Ramen, Salate und Reisgerichte. Sie können damit aber auch Chicken Wings, Schweinekoteletts und Grillsteaks würzen. Ein guter Ersatz ist eine Mischung aus mildem Chilipulver, Zitronenschale und gerösteten Sesamsamen zu gleichen Teilen.

SZECHUAN-PFEFFERKÖRNER

Es gibt einfach keinen Ersatz für diese einzigartigen scharfen Beeren aus China. Sie spielen eine wichtige Rolle in der Küche der nordchinesischen Provinz, wo man ihre Schärfe und ihre feinen Zitrusnoten schätzt. Mapo Doufu, Xian-Lammspieße und Dandan Mian sind nur einige Beispiele für Gerichte, die auf dieses berühmte Gewürz setzen. Erhitzen Sie die Pfefferkörner am besten 30 Sekunden in der trockenen Pfanne, bis sie duften, und zerstoßen Sie sie anschließend grob im Mörser.

WEISSE PFEFFERKÖRNER

Weiße Pfefferkörner sind schlicht geschälte reife Pfefferkörner. Dadurch sind sie weniger stark im Geschmack als schwarzer Pfeffer, liefern aber eine saubere, klare Schärfe. Sie kommen vielfach in der asiatischen Küche zum Einsatz, etwa in scharf-sauren Suppen, denen sie den typischen Geschmack verleihen.

SPEISESTÄRKE

KARTOFFELSTÄRKE

Ein feines Mehl, das aus Kartoffeln gewonnen wird. Man nutzt sie, um Saucen zu binden oder Fleisch vor dem Frittieren darin zu wenden. Gerichte wie Karaage (japanisches frittiertes Hähnchen) oder taiwanisches Popcorn Chicken verdanken ihre knusprige Hülle der Kartoffelstärke. Alternativ können Sie Maisstärke verwenden, mit Kartoffelstärke wird aber nach meiner Erfahrung alles etwas knuspriger.

MAISSTÄRKE

Ein feines Mehl, das aus Maiskörnern gewonnen wird. In Wasser gelöst, dient es zum Andicken von Saucen oder Eintöpfen. Es eignet sich auch gut, um Fleisch, Tofu oder Fisch vor dem Ausbacken zu bestäuben, und ergibt eine deutlich knusprigere Kruste als Mehl.

REISSTÄRKE

Die aus gemahlenem Langkornreis hergestellte Reisstärke wird wie die beiden anderen Stärkemehle verwendet. Reisstärke sollte nicht mit Klebreismehl verwechselt werden, das zur Herstellung von Süßspeisen und Klößen genutzt wird und Gluten enthält. Sollen Tintenfischringe oder Garnelen besonders knusprig werden, mische ich häufig Reisstärke mit Kartoffel- oder Maisstärke. In der Thai-Küche werden Larbs und andere Salate mit Reismehl bestreut. Dieses besteht aber grundsätzlich aus frisch geröstetem und grob gemahlenem Reis.

KRÄUTER & FRISCHE GEWÜRZE

CHILISCHOTEN
Die Schärfe von Chilischoten wird nach der Scoville-Skala beurteilt. Es ist strittig, welche die schärfste Chilischote ist, aber die Carolina Reaper liegt mit 1,5 Millionen Scoville bestimmt im Spitzenfeld. Chilis sollte man mit Bedacht wählen, da sie ein Essen völlig ruinieren können. In meinen Rezepten nutze ich meist daumenlange rote Fresno- oder Serenade-Chilis. Bei den grünen verwende ich entweder Serenade- oder Jalapeño-Chilis, wobei Letztere dunkler und runder sind. Beide liegen bei 2500–8000 Scoville, sind also gut zum Kochen geeignet. Thailändische Bird's-Eye-Chilischoten, auch Vogelaugen-Chilis genannt, sind mit 100 000–225 000 Scoville schon sehr scharf, sorgen in kleinen Mengen aber für den authentischen Thai-Geschmack. Entfernt man Samen und Trennwände, ist ein Großteil der Schärfe gebannt, aber sehr scharfe Chilischoten, wie Scotch Bonnet oder Habanero, treiben einem trotzdem die Schweißperlen auf die Stirn.

FRÜHLINGSZWIEBEL
Dieses Mitglied der Alliumfamilie wird auch Winterzwiebel, Frühzwiebel, Lauchzwiebel oder Jungzwiebel genannt. In Japan heißt sie „Negi". Die asiatische Variante ist dünner und wesentlich länger. Fast alle asiatischen Küchen nutzen sie für gebratenen Reis, Wokgerichte, Salate und vor allem als Garnitur.

GALGANT / INGWER / KURKUMA
Bei allen dreien handelt es sich um Rhizome, unterirdisch wachsende Sprossachsen. Galgant hat ausgeprägte Kiefern- und leicht medizinische Zitrusnoten und eine feste Schale, die abgeschnitten werden muss. Er wird vorwiegend in Currypasten und für Suppen wie Tom Yum verwendet. Ingwer wird in der gesamten asiatischen Küche genutzt. Frische Kurkuma wird vor allem in Currypasten verarbeitet, unverzichtbar ist er in der säuerlichen gelben.

KAFFIRLIMETTE
Diese asiatische Zitrusfrucht wird wegen ihrer Schale und ihrer Blätter geschätzt. Deren intensives Limettenaroma würzt Currypasten, Fischküchlein und Salate. Die Blätter werden kurz vor Ende der Kochzeit ins Curry gerührt, damit ihr Aroma nicht verkocht. Sie sind getrocknet oder tiefgekühlt erhältlich.

KORIANDER UND ANDERE KRÄUTER
Im Gegensatz zu anderen Kräutern, bei denen Stängel und Wurzeln weggeworfen werden, schätzt man beim Koriander alle Teile. Am intensivsten schmecken die Wurzeln, die als Pulver in Currys verwendet oder mit Knoblauch und schwarzem Pfeffer zu Marinaden für Wokgerichte zerstoßen werden. Stängel und Blätter werden für Salate, frische Frühlingsrollen oder zum Garnieren genutzt. In Südostasien verwendet man zudem Kräuter wie Koriander, Basilikum, Minze und Dill (vorwiegend in Vietnam) wie bei uns Blattsalate.

SCHNITTSELLERIE
Man kann zwar auch Staudensellerie nehmen, chinesischer Schnittsellerie hat aber viel dünnere Stängel und schmeckt intensiver. Seine Blätter und Stängel werden in Salaten, Tofu- und Nudelgerichten verwendet.

THAI-BASILIKUM
Der Begriff Thai-Basilikum steht für verschiedene Sorten: Horapa oder süßes Basilikum ist sicher das bekannteste. Es hat ein süßes Anis- und Süßholzaroma und wird in Thailand und Vietnam als Garnitur für Suppen, Salate und Currys verwendet. Kaprao, die thailändische Variante des indischen Tulsi, hat einen würzigeren Geschmack und wird gern zum Kochen verwendet, da sich seine nelkenartigen Aromen dann erst richtig entfalten. Seine Blättchen sind gezahnt und manchmal leicht rötlich.

THAI-SCHALOTTEN
Diese asiatischen Schalotten sind kleine Mitglieder der Allium-Familie, haben eine rotviolette Schale und sind süßer als hiesige Schalotten. Dank ihres niedrigeren Wassergehalts lassen sie sich wunderbar knusprig rösten. In Salaten und Dipsaucen sind sie wegen ihres süßen Aromas und ihrer Farbe beliebt. Alternativ können Sie kleine französische Schalotten verwenden.

ZITRONENGRAS
Das tropische Kraut gehört zu den Süßhölzern und hat einen intensiven Zitronengeschmack. Es ist eine der wichtigsten Zutaten in den Currypasten, Suppen, Salaten und Marinaden der südostasiatischen Küche. Schneiden Sie erst die Spitze ab und verwenden Sie das untere Drittel des Stängels. Klopfen Sie ihn mit einem Nudelholz oder einem Mörserstößel ein- bis zweimal flach und entfernen Sie die harten äußeren Blätter. Das weiche Innere wird fein gehackt oder im Mixer püriert.

REGISTER

A
Agedashi-Tofu 36
Ananas
   Ananas-Stürzkuchen 232
   Entenfleischsalat mit Bunten Möhren & Ananas (Larb Ped) 84
   Frucht-Granita ohne Rühren 218
   Gelbes Entencurry mit Ananas & Limettenblättern 184
   Saure Reissuppe mit Schweinefleischbällchen, Ananas und knusprigem Knoblauch 60
   Tropischer Obstsalat mit Ingwer-Vanille-Sirup 222
Ananas-Stürzkuchen 232
Apfelsalat mit Miso-Ahornsirup-Dressing 82
Asiatische Hühnerbrühe 77
Aubergine mit süßem Soja-Limetten-Dressing 149
Avocados
   Rindfleischsalat mit Sesam-Ahornsirup-Dressing 90
   Sashimi vom Thunfisch mit Avocado und Zitrusdressing 44

B
Bananenwaffeln mit Miso-Karamell-Sauce 230
Bao 115, 116
   Bao-Brötchen 116
Bao mit Garnelen-Katsu, Krautsalat & Chilimayo 118
Bao mit geschmortem Schweinebauch, Frühlingszwiebeln & Chilinüssen 120
Bao mit Karaage-Hähnchen, Chilisauce & Pickles 124
Gebratene und gedämpfte Baozi (Sheng Jian Bao) 126
Sloppy Joes mit pikantem Hähnchen 122
Basilikum
   Bunte vietnamesische Glücksrollen 24
   Chinesische Nudeln mit Schweinefleisch 212
   Thailändisches Basilikum-Hähnchen (Pad Krapao Gai) 208
Bohnen
   Apfelsalat mit Miso-Ahornsirup-Dressing 82
   Gebratener Reis mit Ei (Nasi Goreng) 206
   Salat mit Tamarinden-Soja-Erdnuss-Dressing (Gado-Gado) 101
   Szechuan-Garnelen mit würziger Chilisauce 195
   Thailändisches Basilikum-Hähnchen (Pad Krapao Gai) 208
Bohnensprossen
   Chinesische Frühlingsrollen mit süßem Senf 32
   Gebratene Nudeln mit Hähnchen (Mee Goreng) 204
   Hühner-Pho 62
Brokkoli
   Apfelsalat mit Miso-Ahornsirup-Dressing 82
   Gebratener Brokkoli mit Knoblauch & Austernsauce 215
   Knuspriger Tofu mit Gemüse und Ponzu-Dressing 98
   Ramen vegetarisch mit Maiskölbchen und eingelegten Shiitake 68
Brombeeren
   Frucht-Granita ohne Rühren 218
Brühe
   Asiatische Hühnerbrühe 77
   Dashibrühe 78
   Vegetarische Pilzbrühe 78
Bulgogi
   Hähnchen-Bulgogi 194
   Tacos mit Bulgogi und Kimchi-Salat 154
Burmesisches Fisch-Tomaten-Curry 167

C
Cashewkerne
   Schokolade mit Chili, Nüssen, Kokos & Beeren 233
   Thai-Hähnchen mit Cashews & dicker Chilisauce 200
Chicken Wings mit Shichimi Togarashi, Zitrone und Sojasauce 26
Chilischoten
   Chili-Limetten-Dip 24
   Chilisauce 200
   Eingelegte rote Chilis und Schalotten 52
   Erdnuss-Chili-Dip 38
   Grünes Sambal 138
   Limetten-Ingwer-Chili-Dressing 84
   Rote Currypaste, Grundrezept 79
   Roter Chili-Dip 29
   Salat aus grüner Papaya 198
   Schokolade mit Chili, Nüssen, Kokos & Beeren 233
   Schwarzer-Essig-Dip 29
   Süß-scharfe Chilikonfitüre 20
Chinesische Frühlingsrollen mit süßem Senf 32
Chinesische Pfannkuchen mit Frühlingszwiebeln 18
Chinesische Gurken 52
Chinesische scharf-saure Pilzsuppe 72
Chinesischer Brokkoli
   Gebratener Brokkoli mit Knoblauch & Austernsauce 215
   Taiwanische Rinder-Nudel-Suppe 58
Crab Rangoons 28
Currypaste, rot, Grundrezept 79
Currys
   Burmesisches Fisch-Tomaten-Curry 167
   Gelbes Entencurry mit Ananas & Limettenblättern 184
   Japanisches Gemüsecurry mit Miso 164
   Laksa mit Garnelen 56
   Kapitäns-Curry (Ayam Kapitan) 166
   Nudel-Curry aus Chiang Mai (Khao Soi Gai) 182

D
Dashibrühe 78
Dips siehe Saucen
Donabe, Technik 177
Dressings
   Apfelsalat mit Miso-Ahornsirup-Dressing 82
   Kewpie-Dressing 100
   Kimchi-Dressing 100
   Kokosdressing 15
   Limetten-Chili-Dressing 92
   Limetten-Ingwer-Chili-Dressing 84
   Limetten-Kokos-Dressing 102
   Miso-Ahornsirup-Dressing 82
   Möhren-Ingwer-Dressing 87
   Poke-Dressing 94
   Ponzu-Dressing 98
   Ponzu-Zwiebel-Dressing 48
   Sesam-Ahornsirup-Dressing 90
   Soja-Limetten-Dressing 149
   Szechuan-Dressing 104
   Tamarinden-Soja-Erdnuss-Dressing 101
   Umeboshi-Yuzu-Dressing 86
   Zitrusdressing 44, 88, 198

E
Eier
   Apfelsalat mit Miso-Ahornsirup-Dressing 82
   Gebratener Reis mit Ei (Nasi Goreng) 206
   Gebratener Reis mit XO-Sauce 192
   Japanisches Omelett (Tamagoyaki) mit Honig-Senf-Dip 16
   Salat mit Tamarinden-Soja-Erdnuss-Dressing (Gado-Gado) 101
   Shoyu-Ramen mit Schweinefleisch, weich gekochtem Ei und Blattgemüse 63
   Tantanmen-Ramen mit pikantem Miso-Hühnchen 66
   Thailändischer Spiegeleisalat mit Limetten-Chili-Dressing (Yam Khai Dao) 92
   Thailändisches Basilikum-Hähnchen (Pad Krapao Gai) 208
   Ramen mit Maiskölbchen und eingelegten Shiitake 68
Eiscreme & Gefrorenes
   Eiscreme-Sandwiches mit Schoko-Minz-Eis 234
   Frucht-Granita ohne Rühren 218
Ente
   Entenfleischsalat mit bunten Möhren & Ananas (Larb Ped) 84
   Gelbes Entencurry mit Ananas & Limettenblättern 184

Erdbeeren
  Limetten-Käsekuchen mit Erdbeeren 236
  Frucht-Granita ohne Rühren 218
Erdnüsse
  Bao mit geschmortem Schweinebauch, Frühlingszwiebeln & Chilinüssen 120
  Erdnuss-Chili-Dip 38
  Erdnusssauce 148
  Gegrillte Aubergine mit süßem Soja-Limetten-Dressing 149
  Köstliche Hähnchenbrust 104
  Salat mit Tamarinden-Soja-Erdnuss-Dressing (Gado-Gado) 101
  Schokocreme-Kuchen mit Erdnusskrokant 224
  Tamarinden-Soja-Erdnuss-Dressing 101
  Weltbestes Hähnchen-Satay (Satay Ayam) 148

F

Fisch
  Burmesisches Fisch-Tomaten-Curry 167
  Gegrillter Lachs mit Sobanudeln & Zitrusdressing 88
  Gegrillter Lachs mit Tamarindensauce 146
  Karamellisierter Lachs aus Vietnam 180
  Knuspriger Fisch mit Salat aus grüner Papaya 198
  Kokos-Fischpäckchen mit Mangosalsa 158
Frühlingsrollen 31
  Chinesische Frühlingsrollen mit süßem Senf 32

G

Gai Larn
  Gebratener Brokkoli mit Knoblauch & Austernsauce 215
Garnelen
  Bao mit Garnelen-Katsu, Krautsalat & Chilimayo 118
  Bunte vietnamesische Glücksrollen 24
  Garnelen Cha Ca – vietnamesische Garnelen mit Dill und Reisnudeln 190
  Garnelen in scharfer Tamarindensauce (Sambal Udang) 196
  Garnelen-Wan-Tan in scharfer Szechuan-Sauce 112
  Garnelenküchlein mit Erdnuss-Chili-Dip 38
  Garnelensalat mit Umeboshi-Yuzu-Dressing 86
  Garnelentoast mit Wasserkastanien und Frühlingszwiebeln 34
  Gegrillte Kokos-Ingwer-Garnelen mit Papayasalsa 134
  Laksa mit Garnelen 56
  Nudeln mit Schweinefleisch & Garnelen (Gung Ob Wu Sen) 186
  Scharf-saure Suppe mit Garnelen (Tom Yam) 75
  Salat mit schwarzem Reis, Garnelen & Limetten-Kokos-Dressing 102
  Szechuan-Garnelen mit würziger Chilisauce 195
  Tempura mit Garnelen und Zwiebeln 10
  Thailändische Shumai-Teigtaschen 108
Gebratene Frühlingsrollen 31
Gebratene Nudeln mit Hähnchen (Mee Goreng) 204
Gebratene und gedämpfte Baozi (Sheng Jian Bao) 126
Gebratener Brokkoli mit Knoblauch & Austernsauce 215
Gebratener Reis mit Ei (Nasi Goreng) 206
Gebratener Reis mit XO-Sauce 192
Gegrillte Aubergine mit süßem Soja-Limetten-Dressing 149
Gegrillte Kokos-Ingwer-Garnelen mit Papayasalsa 134
Gegrillter Lachs mit Sobanudeln & Zitrusdressing 88
Gegrillter Lachs mit Tamarindensauce 146
Gegrilltes glasiertes Schweinefleisch (Char Sui) 156
Gelber eingelegter Rettich 51
Granita ohne Rühren 218
Grilltechnik 143
Grundrezept rote Currypaste 79
Grünkohl
  Grünkohlchips mit Miso 14
  Koreanisches Wokgemüse 210
  Yaki Udon 209
Gung Ob Wu Sen 186
Gurken
  Bunte vietnamesische Glücksrollen 24
  Chinesische Gurken 52
  Eingelegter Ingwer 53
  Köstliche Hähnchenbrust 104
  Rindfleischsalat mit Sesam-Ahornsirup-Dressing 90
  Salat mit Tamarinden-Soja-Erdnuss-Dressing (Gado-Gado) 101
  Schnelles koreanisches Gurkenpickle 52
Gyoza 129
  Hähnchen-Shiitake-Gyoza mit Miso-Zitronen-Dip 130

H

Hähnchen
  Asiatische Hühnerbrühe 77
  Bao mit Karaage-Hähnchen, Chilisauce & Pickles 124
  Chicken Wings mit Shichimi Togarashi, Zitrone und Sojasauce 26
  Gebratene Nudeln mit Hähnchen (Mee Goreng) 204
  Hähnchen-Adobo 168
  Hähnchen-Bulgogi 194
  Hähnchen-Miso-Donabe 178
  Hähnchen-Shiitake-Gyoza mit Zitronen-Miso-Dip 130
  Hühner-Pho 62
  Indonesische gegrillte Hähnchenkeule mit grünem und rotem Sambal 138
  Kapitäns-Curry (Ayam Kapitan) 166
  Köstliche Hähnchenbrust 104
  Nudel-Curry aus Chiang Mai (Khao Soi Gai) 182
  Sloppy Joes mit pikantem Hähnchen 122
  Stubenküken mit Kokosglasur und Zitronengras 162
  Taiwanisches frittiertes Hähnchen 46
  Tantanmen-Ramen mit pikantem Miso-Hühnchen 66
  Thai-Hähnchen mit Cashews & dicker Chilisauce 200
  Thailändisches Basilikum-Hähnchen (Pad Krapao Gai) 208
  Weltbestes Hähnchen-Satay (Satay Ayam) 148
  Hähnchen-Adobo 168
Handgeschnittene Nudeln 214
Himbeeren
  Frucht-Granita ohne Rühren 218

I

Indonesische gegrillte Hähnchenkeule mit grünem und rotem Sambal 138
Ingwer
  Eingelegte Gurken mit Ingwer 53
  Limetten-Ingwer-Chili-Dressing 84
  Möhren-Ingwer-Dressing 87
  Tropischer Obstsalat mit Ingwer-Vanille-Sirup 222

J

Jakobsmuscheln
  Kokos-Mango-Muscheltatar mit Reiskräckern 15
Japanische eingelegte Möhren 51
Japanische Sushi-Handrollen (Temaki) 42
Japanisches Gemüsecurry mit Miso 164
Japanisches Omelett (Tamagoyaki) mit süßem Senf 16

K

Kapitäns-Curry (Ayam Kapitan) 166
Karamellisierter Lachs aus Vietnam 180
Kartoffeln
  Salat mit Tamarinden-Soja-Erdnuss-Dressing (Gado-Gado) 101
Käsekuchen mit Limetten & Erdbeeren 236
Kekse
  Eiscreme-Sandwiches mit Schoko-Minz-Eis 234
  Jo-Jo-Kekse mit Maracujafüllung 228
Khao Soi Gai 182
Kimchi
  Kimchi-Suppe mit Tofu (Jigae) 74
  Schnelles Kimchi 53
  Zweimal asiatischer Krautsalat – Kimchi- oder Kewpie-Dressing 100
Kiwi
  Frucht-Granita ohne Rühren 218

Tropischer Obstsalat mit Ingwer-Vanille-
   Sirup 222
Knoblauch
   Gebratener Knoblauch 108
   Knoblauch-Chips 48
Knusprige Frühlingsrollen 31
Knuspriger Fisch mit Salat aus grüner
   Papaya 198
Knuspriger Tintenfisch mit süß-scharfer
   Chilikonfitüre 20
Knuspriger Tofu mit Gemüse und Ponzu-
   Dressing 98
Kokosnuss
   Gelbes Entencurry mit Ananas &
      Limettenblättern 184
   Gegrillte Kokos-Ingwer-Garnelen
      mit Papayasalsa 134
   Kapitäns-Curry (Ayam Kapitan) 166
   Kokosdressing 15
   Kokos-Fischpäckchen mit Mangosalsa 158
   Kokos-Marshmallows 226
   Limetten-Kokos-Dressing 102
   Nudel-Curry aus Chiang Mai (Khao Soi
      Gai) 182
   Salat mit schwarzem Reis, Garnelen &
      Limetten-Kokos-Dressing 102
   Scharf-saure Suppe mit Garnelen (Tom
      Yam) 75
   Schokolade mit Chili, Nüssen, Kokos
      & Beeren 233
   Stubenküken mit Kokosglasur und
      Zitronengras 162
   Tropischer Obstsalat mit Ingwer-Vanille-
      Sirup 222
Koreanische Rinderrippchen mit süß-scharfer
   BBQ-Sauce 140
Koreanisches Wokgemüse 210
Köstliche Hähnchenbrust 104
Kuchen
   Ananas-Stürzkuchen 232
   Limetten-Käsekuchen mit Erdbeeren 236
   Schokotorte mit Matcha-Buttercreme 220

L

Lachs
   Gegrillter Lachs mit Sobanudeln &
      Zitrusdressing 88
   Gegrillter Lachs mit Tamarindensauce 146
   Karamellisierter Lachs aus Vietnam 180
Laksa mit Garnelen 56
Lamian 214
Lamm aus Xinjiang mit Würzkruste und
   Gurkenstücken 150
Larb Ped 84
Limetten
   Chili-Limetten-Dip 24
   Limetten-Chili-Dressing 92
   Limetten-Ingwer-Chili-Dressing 84
   Limetten-Käsekuchen mit Erdbeeren 236
   Limetten-Kokos-Dressing 102
   Limetten-Ponzu-Dip 10
   Soja-Limetten-Dressing 149

   Zitrusdressing 88
Litschis
   Frucht-Granita ohne Rühren 218
Lotos-Chips 44

M

Mais
   Gebratener Reis mit XO-Sauce 192
   Ramen vegetarisch mit Maiskölbchen und
      eingelegten Shiitake 68
   Thai-Hähnchen mit Cashews & dicker
      Chilisauce 200
Mangos
   Bunte vietnamesische Glücksrollen 24
   Frucht-Granita ohne Rühren 218
   Kokos-Fischpäckchen mit Mangosalsa 158
   Kokos-Mango-Muscheltatar mit
      Reiskräckern 15
   Tropischer Obstsalat mit Ingwer-Vanille-
      Sirup 222
   Würziges Thunfisch-Poke 94
Mapo Doufu 170
Maracujas
   Frucht-Granita ohne Rühren 218
   Jo-Jo-Kekse mit Maracujafüllung 228
Marshmallows, Kokos- 226
Matcha-Buttercreme 220
Mayonnaise
   Chilimayo 118
   Pikante Mayo 42, 154
Mee Goreng 204
Melonen
   Frucht-Granita ohne Rühren 218
Miso
   Grünkohlchips mit Miso 14
   Schweinekoteletts mit Miso und Kumquat-
      Mizuna-Salat 152
   Spareribs mit Misoglasur 144
Möhren
   Bunte vietnamesische Glücksrollen 24
   Chinesische Frühlingsrollen mit süßem
      Senf 32
   Möhrensalat 122, 140
   Entenfleischsalat mit bunten Möhren
      & Ananas (Larb Ped) 84
   Hähnchen-Miso-Donabe 178
   Japanische eingelegte Möhren 51
   Japanisches Gemüsecurry mit Miso 164
   Koreanisches Wokgemüse 210
   Möhren-Ingwer-Dressing 87
   Ramen vegetarisch mit Maiskölbchen
      und eingelegten Shiitake 68
   Rindfleischsalat mit Sesam-Ahornsirup-
      Dressing 90
Salat aus grüner Papaya 198
Salat mit Tamarinden-Soja-Erdnuss-Dressing
   (Gado-Gado) 101
Sukiyaki 174
Thailändischer Spiegeleisalat mit
   Limetten-Chili-Dressing (Yam Khai Dao) 92
Yaki Udon 209
Zweimal asiatischer Krautsalat – Kimchi- oder

Kewpie-Dressing 100

N

Nasi Goreng 206
Nudel-Curry aus Chiang Mai (Khao Soi Gai) 182
Nudeln
   Bunte vietnamesische Glücksrollen 24
   Chinesische Nudeln mit Schweinefleisch 212
   Garnelen Cha Ca – vietnamesische Garnelen
      mit Dill und Reisnudeln 190
   Gebratene Nudeln mit Hähnchen
      (Mee Goreng) 204
   Gegrillter Lachs mit Sobanudeln
      & Zitrusdressing 88
   Handgeschnittene Nudeln (Lamian) 214
   Hühner-Pho 62
   Laksa mit Garnelen 56
   Mee Goreng 204
   Nudel-Curry aus Chiang Mai (Khao Soi
      Gai) 182
   Nudeln mit Schweinefleisch & Garnelen
      (Gung Ob Wu Sen) 186
   Ramen 65
   Ramen vegetarisch mit Maiskölbchen und
      eingelegten Shiitake 68
   Selbst gemachte Udonnudeln 70
   Shoyu-Ramen mit Schweinefleisch, weich
      gekochtem Ei & Blattgemüse 63
   Sukiyaki 174
   Suppe mit Udonnudeln, Tempura und
      Frühlingszwiebeln 71
   Taiwanesische Rinder-Nudel-Suppe 58
   Tantanmen-Ramen mit pikantem Miso-
      Hühnchen 66
   Yaki Udon 209

P

Pad Krapao Gai 208
Pak Choi
   Gebratene Nudeln mit Hähnchen
      (Mee Goreng) 204
   Hähnchen-Miso-Donabe 178
   Taiwanische Rinder-Nudel-Suppe 58
Papayas
   Bunte vietnamesische Glücksrollen 24
   Frucht-Granita ohne Rühren 218
   Gegrillte Kokos-Ingwer-Garnelen mit
      Papayasalsa 134
   Knuspriger Fisch mit Salat aus grüner
      Papaya 198
   Salat aus grüner Papaya 198
   Tropischer Obstsalat mit Ingwer-Vanille-
      Sirup 222
Paprika
   Japanisches Gemüsecurry mit Miso 164
   Thai-Hähnchen mit Cashews & dicker
      Chilisauce 200
Pfannenrühren 203
Pfannkuchen mit Frühlingszwiebeln 18
Pickles
   Chinesische Gurken 52
   Eingelegte Gurken mit Ingwer 53

Eingelegte rote Chilis und Schalotten 52
Gelber eingelegter Rettich 51
Japanische eingelegte Möhren 51
Schnelles Kimchi 53
Schnelles koreanisches Gurkenpickle 52
Pikante Mayo 42
Pikanter Dip 46
Pilze
  Chinesische scharf-saure Pilzsuppe 72
  Scharf-saure Suppe mit Garnelen (Tom Yam) 75
  siehe auch Shiitakepilze
Poke mit Thunfisch 94

R

Radieschen
  Gelber eingelegter Rettich 51
  Knuspriger Tofu mit Gemüse und Ponzu-Dressing 98
  Köstliche Hähnchenbrust 104
  Rindfleischsalat mit Sesam-Ahornsirup-Dressing 90
  Tomatensalat mit Möhren-Ingwer-Dressing 87
  Zweimal asiatischer Krautsalat – Kimchi- oder Kewpie-Dressing 100
Ramen 65
  Shoyu-Ramen mit Schweinefleisch, weich gekochtem Ei & Blattgemüse 63
  Ramen vegetarisch mit Maiskölbchen und eingelegten Shiitake 68
  Tantanmen-Ramen mit pikantem Miso-Hühnchen 66
Reis
  Gebratener Reis mit Ei (Nasi Goreng) 206
  Gebratener Reis mit XO-Sauce 192
  Japanische Sushi-Handrollen (Temaki) 42
  Nasi Goreng 206
  Saure Reissuppe mit Schweinefleischbällchen, Ananas und knusprigem Knoblauch 60
  Salat mit schwarzem Reis, Garnelen & Limetten-Kokos-Dressing 102
Reisnudeln
  Bunte vietnamesische Glücksrollen 24
  Garnelen Cha Ca – vietnamesische Garnelen mit Dill und Reisnudeln 190
  Hühner-Pho 62
  Laksa mit Garnelen 56
Rindfleisch
  Koreanische Rinderrippchen mit süß-scharfer BBQ-Sauce 140
  Rindfleischsalat mit Sesam-Ahornsirup-Dressing 90
  Sukiyaki 174
  T-Bone-Steaks mit Teriyakiglasur 157
  Tacos mit Bulgogi und Kimchi-Salat 154
  Taiwanische Rinder-Nudel-Suppe 58
  Tataki vom Rind mit Knoblauch-Chips und Ponzu-Zwiebel-Dressing 48
Rotes Sambal 138

S

Salate
  Möhrensalat 122
  Entenfleischsalat mit bunten Möhren & Ananas (Larb Ped) 84
  Garnelensalat mit Umeboshi-Yuzu-Dressing 86
  Kumquat-Mizuna-Salat 152
  Rindfleischsalat mit Sesam-Ahornsirup-Dressing 90
  Salat mit Tamarinden-Soja-Erdnuss-Dressing (Gado-Gado) 101
  Salat aus grüner Papaya 198
  Thailändischer Spiegeleisalat mit Limetten-Chili-Dressing (Yam Khai Dao) 92
  Würziges Thunfisch-Poke 94
  Zweimal asiatischer Krautsalat – Kimchi- oder Kewpie-Dressing 100
Sambal
  Grünes 138
  Rotes 138
Sashimi vom Thunfisch mit Avocado & Zitrusdressing 44
Satay Ayam 148
Saucen und Dips
  Chili-Hoisin-Sauce 120
  Chili-Limetten-Dip 24
  Chili-Limetten-Sauce 190
  Chilimayonnaise 118, 154
  Chilidip 29
  Chilisauce 200
  Chilisauce (Jaew) 136, 158
  Cremiger Chilidip 12
  Erdnuss-Chili-Dip 38
  Erdnusssauce 148
  Gochujang-Sauce 210
  Grünes Sambal 138
  Honig-Senf-Dip 16
  Koreanische BBQ-Sauce 140
  Limetten-Ponzu-Dip 10
  Mangosalsa 158
  Miso-Karamell-Sauce 230
  Papayasalsa 134
  Pikante Mayo 42
  Pikanter Dip 46
  Pikante Szechuan-Sauce 112
  Roter Chili-Dip 29
  Rotes Sambal 138
  Schnelle XO-Sauce 192
  Schwarzer-Essig-Dip 29
  Sesamsauce 150
  Süß-scharfe Chilikonfitüre 20
  Süß-scharfe Sauce 162
  Süßer Soja-Dip 108
  Würzige Chilisauce 195
  Yaki-Udon-Sauce 209
  Zitronen-Miso-Dip 130
Scharf-saure Suppe mit Garnelen (Tom Yam) 75
Schnelles koreanisches Gurkenpickle 52
Schnelles Kimchi 53
Schokolade

Eiscreme-Sandwiches mit Schoko-Minz-Eis 234
Schokocreme-Kuchen mit Erdnusskrokant 224
Schokolade mit Chili, Nüssen, Kokos & Beeren 233
Schokotorte mit Matcha-Buttercreme 220
Schwarzer-Essig-Dip 29
Salat mit schwarzem Reis, Garnelen & Limetten-Kokos-Dressing 102
Schweinefleisch
  Bao mit geschmortem Schweinebauch, Frühlingszwiebeln & Chilinüssen 120
  Chinesische Nudeln mit Schweinefleisch 212
  Gebratene und gedämpfte Baozi (Sheng Jian Bao) 126
  Gegrilltes glasiertes Schweinefleisch (Char Sui) 156
  Kimchi-Suppe mit Tofu (Jigae) 74
  Mapo Doufu 170
  Nudeln mit Schweinefleisch & Garnelen (Gung Ob Wu Sen) 186
  Saure Reissuppe mit Schweinefleischbällchen, Ananas und knusprigem Knoblauch 60
  Schweinebauch für den Großen Vorsitzenden 172
  Schweinekoteletts mit Miso und Kumquat-Mizuna-Salat 152
  Shoyu-Ramen mit Schweinefleisch, weich gekochtem Ei & Blattgemüse 63
  Spareribs mit Misoglasur 144
  Thailändische Schweinefleisch-Spieße mit Palmzuckerglasur & Jaew (Mu Ping) 136
  Thailändische Shumai-Teigtaschen 108
Selbst gemachte Udonnudeln 70
Sheng Jian Bao 126
Shiitakepilze
  Chinesische Frühlingsrollen 32
  Chinesische scharf-saure Pilzsuppe 72
  Dashibrühe 78
  Hähnchen-Shiitake-Gyoza mit Miso-Zitronen-Dip 130
  Hähnchen-Miso-Donabe 178
  Kimchi-Suppe mit Tofu (Jigae) 74
  Ramen vegetarisch mit Maiskölbchen und eingelegten Shiitake 68
  Sukiyaki 174
  Vegetarische Pilzbrühe 78
  Yaki Udon 209
Shirataki-Nudeln
  Sukiyaki 174
  Shoyu-Ramen mit Schweinefleisch, weich gekochtem Ei & Blattgemüse 63
Sloppy Joes mit pikantem Hähnchen 122
Sobanudeln
  Gegrillter Lachs mit Sobanudeln & Zitrusdressing 88
Spargel
  Sukiyaki 174
Suppen
  Chinesische scharf-saure Pilzsuppe 72

Hühner-Pho 62
Kimchi-Suppe mit Tofu (Jigae) 74
Nudel-Curry aus Chiang Mai (Khao Soi Gai) 182
Ramen 65
Saure Reissuppe mit Schweinefleischbällchen, Ananas und knusprigem Knoblauch 60
Scharf-saure Suppe mit Garnelen (Tom Yam) 75
Suppe mit Udonnudeln,Tempura und Frühlingszwiebeln 71
Ramen vegetarisch mit Maiskölbchen und eingelegten Shiitake 68
Taiwanische Rinder-Nudel-Suppe 58
Tom Yum 75
Sushi, japanische Handrollen 42
Süßkartoffeln
    Japanisches Gemüsecurry mit Miso 164
    Süßkartoffelchips und cremiger Chilidip 12

T
T-Bone-Steaks mit Teriyakiglasur 157
Tacos mit Bulgogi und Kimchi-Salat 154
Taiwanische Rinder-Nudel-Suppe 58
Taiwanisches frittiertes Hähnchen 46
Tamagoyaki mit Honig-Senf-Dip 16
Tantanmen-Ramen mit pikantem Miso-Hühnchen 66
Teigtaschen 115
    Crab Rangoons 28
    Garnelen-Wan-Tan in scharfer Szechuan-Sauce 112
    Gebratene und gedämpfte Baozi (Sheng Jian Bao) 126
    Hähnchen-Shiitake-Gyoza mit Miso-Zitronen-Dip 130
Thailändische Shumai-Teigtaschen 108
Temaki-Handrollen 41, 42
Tempura
    Tempura mit Garnelen und Zwiebeln 10
    Suppe mit Udonnudeln,Tempura und Frühlingszwiebeln 71
Thai-Hähnchen mit Cashews & dicker Chilisauce 200
Thailändische Shumai-Teigtaschen 108
Thailändischer Spiegeleisalat mit Limetten-Chili-Dressing (Yam Khai Dao) 92
Thailändisches Basilikum-Hähnchen (Pad Krapao Gai) 208
Thunfisch
    Japanische Sushi-Handrollen (Temaki) 42
    Sashimi vom Thunfisch mit Avocado & Zitrusdressing 44
    Würziges Thunfisch-Poke 94
Tintenfisch, knuspriger, mit süß-scharfer Chilikonfitüre 122
Toast mit Garnelen, Wasserkastanien & Frühlingszwiebeln 34
Tofu 97
    Agedashi-Tofu 36
    Kimchi-Suppe mit Tofu (Jigae) 74
Knuspriger Tofu mit Gemüse und Ponzu-Dressing 98
Mapo Doufu 170
Tofu mit Szechuanpfeffer und zwei Dips 29
Tom Yum 75
Tomaten
    Burmesisches Fisch-Tomaten-Curry 167
    Pikante Tamarinden-Garnelen (Sambal Udang) 196
    Rindfleischsalat mit Sesam-Ahornsirup-Dressing 90
    Salat mit Tamarinden-Soja-Erdnuss-Dressing (Gado-Gado) 101
    Thailändischer Spiegeleisalat mit Limetten-Chili-Dressing (Yam Khai Dao) 92
    Tomatensalat mit Möhren-Ingwer-Dressing 87
Tropischer Obstsalat mit Ingwer-Vanille-Sirup 222

U
Udonnudeln 70
    Selbst gemachte Udonnudeln 70
    Suppe mit Udonnudeln, Tempura und Frühlingszwiebeln 71
    Yaki Udon 209

V
Vegetarische Pilzbrühe 78
Vietnamesische Glücksrollen 23, 24

W
Waffeln mit Banane & Miso-Karamell-Sauce 230
Wan Tan 111
    Garnelen-Wan-Tan in scharfer Szechuan-Sauce 112
Wasserkastanien
    Garnelentoast mit Wasserkastanien und Frühlingszwiebeln 34
Wassermelonen
    Frucht-Granita ohne Rühren 218
Weißkohl
    Chinesische Frühlingsrollen mit süßem Senf 32
    Koreanisches Wokgemüse 210
    Salat mit Tamarinden-Soja-Erdnuss-Dressing (Gado-Gado) 101
    Schnelles Kimchi 53
    Sukiyaki 174
    Yaki Udon 209
    Zweimal asiatischer Krautsalat – Kimchi- oder Kewpie-Dressing 100
Weltbestes Hähnchen-Satay (Satay Ayam) 148
Wok einbrennen 203
Würziges Thunfisch-Poke 94

Y
Yaki Udon 209

Z
Zucchini
    Koreanisches Wokgemüse 210
Zuckerschoten
    Apfelsalat mit Miso-Ahornsirup-Dressing 82
    Gebratener Brokkoli mit Knoblauch & Austernsauce 215
    Gebratener Reis mit XO-Sauce 192
Zwiebeln
    Chinesische Pfannkuchen mit Frühlingszwiebeln 18
    Sukiyaki 174
    Tempura mit Garnelen und Zwiebeln 10
    Tomatensalat mit Möhren-Ingwer-Dressing 87